高校入試
近道問題 26 古典

この本の特色

① コンパクトな問題集

入試対策として必要な単元・項目を短期間で学習できるよう、コンパクトにまとめた問題集です。直前対策としてばかりではなく、自分の弱点を見つけ出す診断材料としても活用できるようになっています。

② 豊富なデータ

英俊社の「高校別入試対策シリーズ」「入試対策シリーズ」の豊富な入試問題を厳選してあります。

③ \CHIKAMICHI/ ちかみち の理解と実践

テーマ別に、問題を解く「カギ」を ちかみち として掲載しています。はちかみちに対応していますので、解説の ちかみち はこう使う！ した後、実践テストに挑戦してみましょう。

④ 口語訳

古文の問題にはすべて口語訳がついています。設問に関わるところだけではなく、全体の内容を理解するのに役立ててください。

この本の内容

1 基礎知識

ちかみち 1 CHIKAMICHI

現代かなづかいに直すときの主なきまり

○語頭以外の「は・ひ・ふ・へ・ほ」（助詞の「は・へ」を除く）
↓「わ・い・う・え・お」
○「ゐ・ゑ・を（助詞の場合を除く）」↓「い・え・お」
○「ぢ・づ」↓「じ・ず」
○「くわ・ぐわ」↓「か・が」
○助詞・助動詞の「む」↓「ん」
○母音の発音が「au・iu・eu」↓「ô・yû・yô」

1 次の(1)〜(5)を現代かなづかいに直し、ひらがなで書きなさい。（奈良文化高）

(1) まゐる（　　）
(2) ほふし（　　）
(3) たふとく（　　）
(4) くちをしり（　　）
(5) にはかにさむくさへなりぬ（　　）

2 次の(1)〜(3)の歴史的仮名遣《かなづか》いを現代仮名遣いに直し、すべてひらがなで答えなさい。（神戸村野工高）

解答例　をかし→おかし

(1) かほり（　　）
(2) てふてふ（　　）
(3) くわかく（　　）

3 次の(1)〜(5)の歴史的仮名遣いを現代仮名遣いに直しなさい。漢字の部分もひらがなに直して表記しなさい。（大阪商大堺高）

(1) いたづら（　　）
(2) 言ひ（　　）
(3) なむ（　　）
(4) もつとも（　　）
(5) 上臈《じゃうらう》（　　）

4 次の(1)〜(6)の古典語の読みを現代かなづかい（ひらがな）で答えなさい。（華頂女高）

(1) あふぎ（　　）
(2) よそほひ（　　）
(3) こゑ（　　）
(4) むこふ（　　）
(5) をとこ（　　）
(6) けふ（　　）

ちかみち CHIKAMICHI 2

陰暦の月の呼び名は、すべての読み方を覚えておくことが必須。漢字でも書けるようにしておきたい。季節の区切りが現代とは異なることにも注意する。

5 次の表の空欄にあてはまる言葉を答えなさい。

月	呼び名		季節
一月	睦月	（①　）	春
二月	如月	きさらぎ	春
三月	（②　）	やよい	春
四月	卯月	うづき	夏
五月	皐月	（③　）	夏
六月	水無月	みなづき	夏
七月	（④　）	ふみづき・ふづき	秋
八月	葉月	はづき	秋
九月	長月	ながつき	秋
十月	神無月	（⑤　）	冬
十一月	霜月	しもつき	冬
十二月	（⑥　）	しわす	冬

ちかみち CHIKAMICHI 3

十二支は方位や時刻を表す場合にも用いられるので、順番通りに覚えておく。

【十二支】

子（ね）―ねずみ　丑（うし）―牛　寅（とら）―虎
卯（う）―うさぎ　辰（たつ）―竜　巳（み）―蛇
午（うま）―馬　未（ひつじ）―羊　申（さる）―猿
酉（とり）―鶏　戌（いぬ）―犬　亥（い）―いのしし

【方位・時刻】

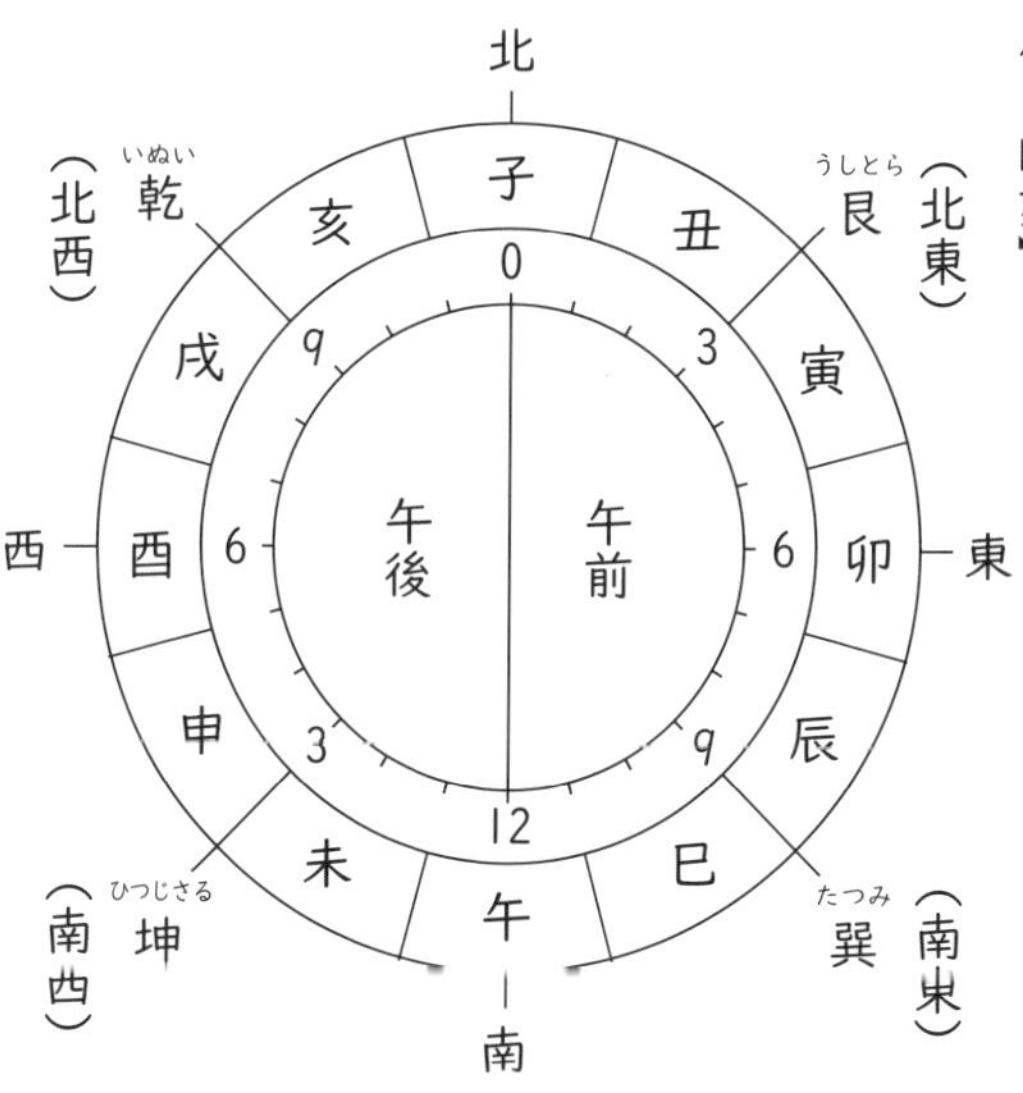

6 次の文章は『伊勢物語』に手を加えたものです。これを読んで後の問いに答えなさい。（アサンプション国際高）

昔、若き男、けしうはあらぬ女をａ思ひけり。さかしらする親ありて、思ひもぞつくとて、この女をほかへ追ひやらむとす。さこそいへ、まだ追ひやらず。人の子なれば、まだ心勢《こころいきほひ》なかりければ、とどむる勢なし。女も卑しければ、すまふ力なし。さる間に思ひはいやまさりにまさる。にはかに親、この女を追ひうつ。男、血の涙をながせども、とどむるよしなし。ｂ率《ゐ》て出《い》でて去《い》ぬ。男、泣く泣くよめる。

出でて去なば　誰か別れのかたからむ　ありしにまさる　今日は悲しも

〔女が自分の意志で出て行ってしまったのなら誰が別れがたく思うだろうか、あきらめがつくというものだ。しかし無理矢理に連れ出されてしまったのだから　これまでの切ない思いにもまして、今日は悲しくてならない。〕

とよみて絶え入りにけり。親、あわてにけり。なほ思ひてこそ言ひしか、いとかくしもあらじ、と思ふに、真実に絶え入りにければ　まどひて願たてけり。今日の入相《いりあひ》ばかりに絶え入りて、又の日の戌《いぬ》の時ばかりになむ、ｃからうじて生き出でたりける。

昔の若人は、さるすける物思ひをなむしける。

【語注】

けしうはあらぬ…身分容姿などが悪いとは言えない。

さかしらする…さし出た知恵をまわす。

卑しければ…身分の低い召し使いだから。

絶え入りにけり…悲しみのあまり、気を失ってしまった。

入相…日没のころ。

問一　～～線ａ「思ひ」、ｂ「率《ゐ》て」、ｃ「からうじて」のそれぞれの読み方を、現代かなづかいに直し、すべてひらがなで書きなさい。

ａ（　　）　ｂ（　　）　ｃ（　　）

問二　――線「戌の時」とは現在の時間でおよそ何時ごろになりますか。次の説明を読んで、最も適当なものを後から選んで記号で答えなさい。（　　）

昔の時間は十二支を用いて表していました。「午《うま》の時」は昼の十二時ごろのことです。

ア　午前四時ごろ　　イ　午前八時ごろ

ウ　午後四時ごろ　　エ　午後八時ごろ

ちかみち CHIKAMICHI 4

◎ 古典文学は、**作品名・作者名・成立した時代・ジャンル**をセットで覚えておく。

◎ **冒頭文**もよく出るので覚えておく。

『枕草子』→「春はあけぼの。やうやう白くなりゆく山ぎは、すこしあかりて、…」

『平家物語』→「祇園精舎の鐘の声、諸行無常の響きあり。沙羅双樹の花の色、…」

『徒然草』→「つれづれなるままに、日暮らし硯に向かひて、心にうつりゆくよしなしごとを…」

『おくのほそ道』→「月日は百代の過客にして、行きかふ年もまた旅人なり。…」

【古典文学史年表】

時代	作品名	作者・編者	ジャンル
奈良	『古事記』	太安万侶編	史書
奈良	『万葉集』	大伴家持他編	歌集
平安	『竹取物語』	不明	物語
平安	『古今和歌集』	紀貫之他編	歌集
平安	『伊勢物語』	不明	歌物語
平安	『土佐日記』	紀貫之	日記
平安	『枕草子』	清少納言	随筆
平安	『源氏物語』	紫式部	物語
平安	『更級日記』	菅原孝標女	日記
平安	『今昔物語集』	不明	説話
平安	『山家集』	西行	歌集
鎌倉	『新古今和歌集』	藤原定家他編	歌集
鎌倉	『方丈記』	鴨長明	随筆
鎌倉	『宇治拾遺物語』	不明	説話
鎌倉	『平家物語』	不明	軍記
鎌倉	『十訓抄』	不明	説話
鎌倉	『古今著聞集』	橘成季編	説話
鎌倉	『沙石集』	無住	説話
鎌倉	『徒然草』	兼好法師(吉田兼好)	随筆
江戸	『醒睡笑』	安楽庵策伝	仮名草子
江戸	『日本永代蔵』	井原西鶴	浮世草子
江戸	『世間胸算用』	井原西鶴	浮世草子
江戸	『おくのほそ道』	松尾芭蕉	紀行
江戸	『曾根崎心中』	近松門左衛門	浄瑠璃
江戸	『雨月物語』	上田秋成	読本
江戸	『玉勝間』	本居宣長	随筆
江戸	『東海道中膝栗毛』	十返舎一九	滑稽本
江戸	『南総里見八犬伝』	滝沢(曲亭)馬琴	読本
江戸	『おらが春』	小林一茶	俳文集

2 古文で用いられる言葉

ちかみち 5 CHIKAMICHI

現代では用いられない言葉や**現代語と意味の異なる言葉**に注意する。
「いと（たいへん）」「げに（本当に）」
「あはれ（趣深い）」「あやし（不思議だ）」など。
文脈に沿った解釈をできるかがカギを握る。

1 次の文章を読んで、後の問いに答えなさい。　（姫路女学院高）

雪のおもしろう降りたりし朝、人のがり＊言ふべきことありて文をやるとて、雪のこと何とも言はざりし返りごとに、「この雪いかが見ると、一筆のたまはせぬほどの、ひがひがしからん＊人の仰せらるること、聞き入るべきかは。a かへすがへす b 口惜しき御心なり」と言ひたりしこそ、c をかしかりしか。

今は亡き人なれば、かばかりのことも忘れがたし。

（「徒然草」第三十一段より）

＊ 人のがり＝ある人のもとへ

＊ ひがひがしからん＝風流を解さない

問一 二重傍線部a「かへすがへす」・b「口惜しき（口惜し）」・c「をかしかり（をかし）」の文中での意味を次の中からそれぞれ一つずつ選び、記号で答えなさい。

a かへすがへす（　　）
ア 何度も　イ つくづく
ウ くれぐれも　エ かえって

b 口惜し（　　）
ア 悔しい　イ 申し訳ない
ウ 残念な　エ かわいそうな

c をかし（　　）
ア 感慨深い　イ 美しい
ウ 不思議だ　エ 変だ

問二 傍線部「聞き入るべきかは」には反語が使われています。この部分の意味として最も適当なものを次の中から一つ選び、記号で答えなさい。（　　）

ア ぜひ聞き入れましょう。
イ 聞き入れることはできません。
ウ 聞き入れなければいけません。
エ 聞き入れてください。

問三　この作品について書かれた次の文章の空欄1・3・4に入れるべき語を後からそれぞれ一つずつ選び、記号で答えなさい。また、空欄2に入る作者名を漢字で答えなさい。

1（　　）　2（　　　　）　3（　　）　4（　　）

鎌倉時代後期に成立した（1）作品で、作者は（2）である。（3）（4）と並び、古典の三大（1）の一つと言われる。

ア　評論　　イ　物語　　ウ　随筆
エ　説話　　オ　日記　　カ　枕草子
キ　源氏物語　　ク　おくの細道　　ケ　今昔物語集
コ　方丈記

2　次の古文を読んで、後の問いに答えなさい。（原文の漢字・仮名づかいを一部改変しています。）　（明浄学院高）

是《これ》も今は昔、田舎の児の比叡《ひえ》の山へ登りたりけるが（登って修行をしていたところ）、桜のAめでたく咲きたりけるに（咲いているところに）、風のはげしく吹きけるを見て、この児さめざめと泣きけるを見て（泣いていたのを）、僧のやはら寄りて、「など、かうは泣かせ給《たま》ふぞ（どうして、そんなにお泣きになるのか）。この花の散るを惜しう覚えさせ給ふか（惜しくお思いか）。桜ははかなき物にて、かく程なくうつろひ候《さふら》ふなり（こうして散ってしまうのです）。されども、さのみぞ候ふ（それだけのことです）」と慰めければ、「桜の散らんは（散るのは）、あながちにいかがせん（どうするわけにもいかないので）、苦しからず（かまいません）。わが父の作りたる麦の花散りて、実の入らざらん（実らないのではないかと）、思ふがBわびしき」と言ひて、さくりあげて（しゃくり）、「よよ」と泣きければ、うたてしやな（なんとがっかりした話ではないか）。

（「宇治拾遺物語」より）

問一　波線部A「めでたく」、B「わびしき」の意味として最も適切なものを次のア～エから一つ選び、それぞれ記号で答えなさい。

A　めでたく（　　）
ア　味気なく　　イ　すばらしく
ウ　おもしろく　　エ　さびしく

B　わびしき（　　）
ア　たのしい　　イ　くるしい
ウ　うれしい　　エ　つらい

3 係り結びの法則

ちかみち CHIKAMICHI

係りの助詞と結びの関係を覚えておく。
○係りの助詞「ぞ・なむ」（強調）↓文末は**連体形**
○係りの助詞「や・か」（疑問・反語）↓文末は**連体形**
○係りの助詞「こそ」（強調）↓文末は**已然形**

1 次の文章を読んで、後の問いに答えなさい。（中村学園女高）

むかし、男ありけり。身はいやしながら、母なむ宮なり《身分は低かったけれども、母は内親王であった。》①ける。その母、長岡といふ所に住みたまひけり《住んでいらっしゃった。》。子は京に宮仕へしければ《宮中にお仕えしていたので、》、Aまうづとしけれど《参上しようとしたけれども、》、しばし、えまうでず《参上できなかった。》。ひとつ子にさへありければ《その上一人っ子でもあったので、》、いとBかなしうしたまひけり《かわいがっていらっしゃった。》。さるに《そうした折、》、C十二月ばかりに、とみのこととて御文《お手紙》あり。おどろきて見れば、歌あり。

老いぬれば《年を取ると》②さらぬ別れのありといへば《あるというので、》いよいよ見まくほしき《ますます会いたい》
くほしき君かな《と思うあなたであるよ》

かの《その》子、いたう《たいそう》うち泣きてよめる《詠んだ歌、》、
世の中にさらぬ別れのなくもがな《ないとよいのだがなあ。》千代もといのる人の子のため

（『伊勢物語』より）

問一　二重傍線部A「まうづ」、B「かなしう」を現代仮名遣いに直しなさい。A（　　）B（　　）

問二　二重傍線部C「十二月」の旧暦での読み方を何というか、現代仮名遣いで答えなさい。（　　）

問三　傍線部①「ける」の活用形を次の中から一つ選び、記号で答えなさい。（　　）
ア　未然形　イ　連用形　ウ　終止形
エ　連体形　オ　已然形　カ　命令形

問四　傍線部②「さらぬ別れ」とは「避けることのできない別れ」という意味であるが、これはどのような「別れ」を表しているか、漢字二字で答えなさい。［　　］

2 正直者の文太は、神社の下男としての仕事を突然失い、あてもなくさまよっているうちに、「つのをかが磯」という海岸にたどり着いた。そこで、ある塩屋（塩を作る小屋）の主人の世話になり、働くことになった。以下はそれに続く文章である。読んで、後の問いに答えなさい。

（兵庫大附須磨ノ浦高）

かくて年月を経《ふ》るほどに、文太申しけるは、われも塩焼きて売らばやと思ひ、主にa申すやう、「この年月、奉公仕《つかまつ》り候ふ御恩に、塩竈《しおがま》一つb給はり候へかし。あまりにたよりなく候へば、①商ひしてみ候はん」と申しければ、もとより②いとほしく思ひければ、塩竈二つ取らせけるに、塩焼きて売りければ、この文太が塩と申すは、こころよくて、食ふ人病《やまひ》なく若くなり、また塩の多さつもりもなく、三十層倍《そうばい》にもなりければ、やがて徳人になり給ふ。年月経るほどに、今は長者とぞなりにけり。さるほどに、つのをかが磯の塩屋ども、みなみな従ひける。さるほどに、③名を替へて、文正つねをかとぞ申しける。

（「御伽草子」より）

【語注】 御恩…ごほうび　塩竈…塩を作るかまど
たよりなく候へば…生活の頼みとするものがございませんので
三十層倍…普通の塩竈の三十にもあたる塩
徳人…金持ち　長者…大金持ち

問一 二重傍線部a「申すやう」b「給はり」の読み方を、現代仮名遣いにより、すべてひらがなで書きなさい。

a（　　）　b（　　）

問二 傍線部①「商ひしてみ候はん」と同じ意味内容にあたる部分を、文中より八字で抜き出しなさい。

□□□□□□□□

問三 傍線部②「いとほしく思ひければ」について。

(1) 「いとほしく」の意味として最もふさわしいものを次より選び、記号で答えなさい。（　　）

ア やっかいに　イ ありがたく
ウ おそろしく　エ かわいそうに

(2) 「いとほしく思ひければ」の主語は誰か、最もふさわしいものを次より選び、記号で答えなさい。（　　）

ア 文太　イ 塩屋の主人
ウ 長者　エ 人々

問四 傍線部③「名を替へて、文正つねをかとぞ申しける」について、係り結びを答えなさい。

係り（　　）　結び（　　）

4 「の」の用法

ちかみちノ CHIKAMICHI

次のように置き換えて区別する。
○主語を示す「の」→「ガ」
○連体修飾語を作る「の」→「ノ」
○体言の代わりになる「の」→「ノモノ（コト）」
○同格の「の」→「デ」

1 次の文章を読んで、後の問いに答えなさい。（平安女学院高）

①暁《あかつき》になりやしぬらむ[注1]と思ふほどに、山の方《かた》より人あまた来る音す。おどろきて見やりたれば、鹿②のの縁のもとまで来て、うち鳴いたる、③近うてはなつかしからぬものの声なり。

秋の夜の妻恋ひかぬる鹿の音《ね》は遠山にこそ聞くべかり［　　］

知りたる人の、近きほどに来て帰りぬと聞くに、
まだ人め知らぬ[注2]山辺の松風も音して帰るものとこそ聞け
（「更級日記」より）

注1　なりやしぬらむ…なってしまっただろう
　2　まだ人め知らぬ…まだ人に会ったこともない

問一　――①とは、一日のうちのいつの頃を意味していますか。次から選びなさい。（　　）
ア　夜明け前　　イ　正午頃　　ウ　夕暮れ前
エ　日没後　　オ　深夜

問二　――②と、文中で同じ働きのものを、次から選びなさい。（　　）
ア　山の方より　　イ　鹿の縁のもとまで
ウ　秋の夜の　　エ　鹿の音は
オ　知りたる人の

問三　――③の解釈として適当なものを次から選びなさい。（　　）
ア　近くでなくてはならない
イ　近くでは風情を感じられない
ウ　近くにいるかのような
エ　近くで思い出すことができない
オ　近くではすぐに気づいてしまう

問四 [　　] に入る適当な語を次から選びなさい。（　　）

ア けら　イ けり　ウ ける
エ けれ　オ けろ

2 次の文章を読んで、後の問いに答えなさい。（大阪学院大高）

久しく隔り逢ひたる人 a の、わが方にありつる事、かずかずに残りなく語りつづくるこそあいなけれ《面白クナイ》。隔てなく馴れぬる人も、程へて見るは《シバラクタッテ面会スルノハ》恥かしからぬかは。

つぎざまの人はあからさまに立ち出でても、今日ありつる事とて、息もつぎあへず、語り興ずるぞかし。よき人の 1 物語するは人数多《あまた》あれど、ひとりに向きていふを、おのづから人も聞くにこそあれ。よからぬ人は誰ともなく、数多 b の中に、うち出でて、見る事のやうに語りなせば、皆同じく笑ひ 2 ののしる、いとらうがはし。3 をかしき事をいひてもいたく興ぜぬと、興なき事をいひても、よく笑ふにぞ、品 c のほどはかられぬべき《ハカラレルヨウダ》。人 d の見ざまのよしあし、才ある人はその事など定めあへるに、おのが身にひきかけて、いひ出でたる、いとわびし。

（『徒然草』より）

問一 二重傍線部 a～d の助詞「の」の中で、意味・用法の違うものを一つだけ選び、a～d の記号で答えなさい。（　　）

問二 傍線部 1「物語」、2「ののしる」、3「をかしき」の本文での意味として最も適当なものを次の中から一つ選び、記号で答えなさい。

1（　　）2（　　）3（　　）

1 ア 物語　イ うわさ　ウ 話　エ 文学
2 ア うわさをする　イ 口やかましく言う　ウ 時めく　エ 大騒ぎをする
3 ア おもしろい　イ すばらしい　ウ かわいらしい　エ あやしい

5 主語を見つける

＼CHIKAMICHI／ ちかみち

一、登場人物をおさえる。

二、**どのような動作（様子）**かを現代語で考える。

三、話の流れに沿って、**誰がどの動作をしたのか、どのような様子なのか**、などを把握していく。

1 次の文章を読んで、後の問いに答えなさい。（青森県）

(注1)陰陽師《をんやうじ》のもとなる小童《こわらはべ》こそ、いみじう（すばらしく）物は㋐知りたれ。(注2)祓《はらへ》などしにいでたれば、(注3)祭文《さいもん》など㋑よむを、人は猶《なほ》（人はただ聞いているだけだが）こそきけ、ちうと（さっと）たち走りて、「酒、水、いかけ（振りかけ）させよ」ともいはぬに、しありくさまの（それをしてまわる様子が、やるべきことをわきまえ）、例しり、いささか（少しも）主に物いはせぬこそ、うらやましけれ。㋒さらんものがな使はん、とこそおぼゆれ（こういう気のきく者を使いたいものだ、と思われる）。

（「枕草子」より）

（注1）陰陽師……暦を仕立てたり占いや土地の吉凶などをみたりする役人。

（注2）祓……神に祈って罪・けがれを清め、災いを除くこと。また、その行事。

（注3）祭文……節をつけて読んで神仏に告げる言葉。

問一 ㋐知りたれ、㋑よむの主語の組み合わせとして最も適切なものを、次のア～エの中から一つ選び、その記号を書きなさい。（　　）

ア ㋐ 陰陽師　㋑ 小童

イ ㋐ 陰陽師　㋑ 作者

ウ ㋐ 小童　㋑ 陰陽師

エ ㋐ 小童　㋑ 作者

問二 ㋒さらんものがな使はん、とこそおぼゆれとありますが、ある生徒が、作者がそのように思った理由を次のようにまとめました。［　　］に入る「小童」の具体的な様子を、二十字以内で書きなさい。

［　　　　　　　　　　　　　　　　　　　　］

作者は、「小童」が陰陽師に指示されなくても［　　］様子を見て、自分もそのような気のきく者を使いたいと思ったから。

2 次の文章を読んで、後の問いに答えなさい。

（育英西高）

堀河院《ほりかはゐん》の御時、（注1）勘解由次官明宗《かげゆのすけあきむね》とて、いみじき笛吹きありけり。ゆゆしき心おくれの人なり。院、笛聞こしめされむとて、召したりける時、帝《みかど》の御前と思ふに、臆《おく》して、わななきて、①え吹かざりけり。

②本意《ほい》なしとて、相知れりける女房《にょうぼう》に仰《おほ》せられて、（注2）私《わたくし》に坪《つぼ》の辺《ほと》りに呼びて、吹かせよ。われ、立ち聞かむと仰せありければ、月の夜、かたらひ契《ちぎ》りて、吹かせけり。「女房の聞く」とⒶ思ふに、はばかるかたなくて思ふさまに吹きける。世にたぐひなく、めでたかりけり。

帝、感に堪《た》へさせ給《たま》はず、「日《ひ》ごろ、上手《じょうず》とは聞こしめしつれども、かくほどまでは思《おぼ》しめさず。いとどこそめでたけれ」とⒷ仰せ出《いだ》されたるに、「さは、帝の聞こしめしけるよ」と、たちまちに臆して、Ⓒさわぎけるほどに、縁より落ちにけり。「安楽塩《あんらくえん》」といふ異名を付きにけり。

（「十訓抄《じっきんしょう》」より。本文の中で一部表記を改めたところがある。）

（注1）勘解由次官…「勘解由官」は国司交換の審査にあたる官。「次官」その副官。

（注2）私…個人的に。

問一 〰〰線①「え吹かざりけり」・②「本意なし」の本文中における語句の意味として最も適当なものを次の中から選び、それぞれ記号で答えなさい。

①「え吹かざりけり」（　　）

ア 吹くまでもなかった
イ 吹こうとしなかった
ウ 吹くことができなかった
エ 吹かせてもらえなかった

②「本意なし」（　　）

ア 意味はない　　イ 残念だ
ウ 非常にうれしい　　エ 本心からではない

問二 ——線Ⓐ「思ふ」・Ⓑ「仰せ出されたる」・Ⓞ「さわぎける」の主語は誰か。次の中から選び、それぞれ記号で答えなさい。

Ⓐ（　　）Ⓑ（　　）Ⓒ（　　）

ア 堀河院（帝）　　イ 明宗
ウ 女房　　エ 人々

問三 この物語の主人公「明宗」という人物の性格を端的に表した表現を、本文中より十字以内で抜き出しなさい。

6 会話文を抜き出す

＼CHIKAMICHI／ ちかみち

一、「…と（いふ・申す）」などの言葉を手がかりにすると、会話文の終わりをとらえやすい。

二、「…いはく」「…がいふやう」「…が申すやう」などの言葉の後から始まることが多い。

1 次の文章は「土佐日記」の一部である。後の問いに答えなさい。（徳島県）

昔、阿倍《あべ》の仲麻呂《なかまろ》といひける人は、唐土《もろこし》（中国）に渡りて、帰り来《き》ける（日本に帰って来ようとする）時に、船に乗るべき所にて、かの（あちらの）国人《くにびと》、馬《むま》のはなむけし（送別の会をして）、別れ惜しみて、かしこ（あちらの）の漢詩《からうた》作りなどしける。飽かずやありけむ（なごりがつきないように思ったのだろうか）、月出《い》づるまでぞありける。その月は、海よりぞ出でける。これを見てぞ、仲麻呂の主（仲麻呂さんは）、わが国に、かかる歌（こういう和歌）をなむ、かうやうに（このように）別れ惜しみ、喜びもあり、悲しびもある時にはよむとて、よめりける歌、

青海原《あをうなばら》ふりさけ見れば（はるか遠くの空をながめると）春日《かすが》なる三笠《みかさ》の山に出でし月かも

とぞよめりける。かの国人聞き知るまじく（聞いてもわかるまい）、思ほえたれども、言《こと》の心（和歌の意味）を、ここの言葉伝へたる人（日本の言葉を理解している）に、いひ知らせければ（説明して聞かせたところ）、心をや聞きえたりけむ（理解することができたのだろうか）、いと思ひの外《ほか》になむ賞《め》でける（感心したということだった）。唐土とこの国とは、言（言葉）異なるものなれど、月の影（光）は同じことなるべければ（であるはずだから）、人の心も同じことにやあらむ（なのだろう）。

（注） 阿倍の仲麻呂＝奈良時代の遣唐留学生。

問一 ＝線部「わが国に」から始まる仲麻呂の発言の部分はどこまでか、その発言の部分を本文中から抜き出し、終わりにあたる五字を書きなさい。

□□□□□

問二 本文中の和歌について、次の文は、中国の人が和歌に感心した理由について、ある生徒が本文をもとにまとめたものである。（　）にあてはまる適切な言葉を

五字以上十字以内で書きなさい。

中国と日本とでは使う言葉が違うけれども、「奈良の春日にある三笠山に出ていた月と同じ月だなあ」という和歌の内容から、阿倍の仲麻呂の（　　）気持ちに、中国の人が共感したから。

2 次の文章を読んで、後の問いに答えなさい。

（筑紫女学園高）

漢朝《かんてう》に*孝孫《かうそん》といふ者ありけり。年十三歳なりけるが、父、
中国の漢王朝の時代に孝孫と呼ばれる者がいた。
妻《め》が詞《ことば》につきて、年たけたる親を山へ送つて捨てぬ。孝
妻の言葉に従って、　年老いた
孫幼かりけれども、心ある者にて、父を諫《いさ》めけれども父用
思慮分別のある人で、父に忠告したけれども父は聞き
ゐず。*源谷《げんこく》・元啓《げんけい》といふ二人の子、手輿《たこし》に載せて山へ送り
入れなかった。　手で持つ輿に載せて
て捨てて帰る。元啓この輿を持ちて帰らんとす。父がいはく、持ちて帰りて何かせんと制してければ、父の年たけ給*
とどめたところ、
ひたらん時、持ちて捨てんためといひけるに心づきて、我《われ》
はっとして、
父を捨てば、また我を学びて、我が捨てられんことを思ひて、また親を具《ぐ》して帰りて養ひけり。父を諫むる計事《はかりごと》、ま
連れて　世話をした。　計略は、本当
ことに智恵深くこそ。
に知恵深いことであった。
人の習ひ、よきことをば学ばねども、悪《あ》しき振る舞ひを
習性として、良いことは学習しないけれども、
ば学ぶことなれば、かくいふにつきて、父慎《つつし》みて親を養ひ
このように
けり。祖父《おほぢ》を助け、父を戒《いまし》めたる孝養《かうやう》の名、天下に聞こえき。孝孫とぞ申しける。

（無住『沙石集』より）

＊孝孫……孝行な孫。ここでは元啓のこと。
＊源谷・元啓……いずれも人名。
＊給ひ……～なさる。尊敬の補助動詞。

問一 人が言った言葉にあたる部分を本文中から二箇所抜き出して、それぞれ初めと終わりの三字を書きなさい。

□□□～□□□　□□□～□□□

問二 ――部「持ちて捨てんため」とあるが、目的語を補って解釈した次の文の□にあてはまる語を本文中から抜き出して書きなさい。（　　）

持ち帰った輿を使って□を捨てるため

7 指示語の指示内容をとらえる

＼CHIKAMICHI／ ちかみち 10

指示語は原則として**直前の内容**を指している。指示内容の見当がついたら**指示語の代わりにあてはめて**、前後の文意が通じるかを確認する。

1 次の文章を読んで、後の問いに答えなさい。（奈良大附高）

この姫君ののたまふこと、「人々の、花、蝶や愛《め》づるこそ、はかなくあやしけれ。人は、まことあり、※本地《ほんぢ》たづねたるこそ、心ばへをかしけれ」とて、よろづの虫の、恐ろしげなるを取り集めて、「①これが、成らむさまを見む」とて、さまざまなる※籠箱《こばこ》どもに入れさせ給ふ。中にも「※烏毛《かは》虫《むし》の、心深きさましたるこそ心にくけれ」とて、明け暮れは、※耳はさみをして、②手のうらに添へふせてまぼり給ふ。

若き人々はおぢ惑ひければ、男《を》の童《わらは》の、ものおぢせず、いふかひなきを召《め》し寄せて、箱の虫どもを取らせ、名を問ひ聞き、いま新しきには名をつけて、興《きょう》じ給ふ。

「人はすべて、つくろふところあるはわろし」とて、眉《まゆ》さらに抜き給はず。※歯黒《はぐろ》め、「さらにうるさし、きたなし」とてつけ給はず、いと白らかに笑《ゑ》みつつ、この虫どもを、朝夕《あしたゆう》べに愛し給ふ。

（「堤中納言物語」より）

※ 本地たづねたるこそ……本来の姿を追究してこそ

※ 籠箱……虫籠《かご》などに用いる箱

※ 烏毛虫……毛虫

※ 耳はさみ……女性が垂れ下がっている前髪をかき上げて、耳の後ろにはさむこと

※ 歯黒め……成人女性の化粧の一つで、歯を黒く染めること。「おはぐろ」

問一 ——線部①「これ」が指している内容を本文中から十五字以内で抜き出しなさい。

問二 次の文は、——線部②「手のうらに添へふせてまぼり給ふ」を説明したものである。[i]・[ii]にあてはまるものを後の**ア**～**オ**からそれぞれ選び、記号で答えなさい。i（　　）ii（　　）

[i]が[ii]を手のひらにのせてじっと見守りなさる。

ア　姫君　イ　若き人々　ウ　男の童
エ　烏毛虫　オ　蝶

2　次の文章は、兼好法師の「徒然草《つれづれぐさ》」の一部である。この文章を読んで、後の問いに答えなさい。（新潟県）

能をつかんとする人《芸能ヲ身ニツケヨウトスル人ハ》、「よくせざらんほどは《ヨクデキナイヨウナ時期ニハ》、なまじひに《ナマジッカ》人に知られじ《人ニ知ラレマイ》。うちうちよく習ひ得《え》てさし出でたらんこそ《人前ニ出テ行クヨウナコトコソ》、いと心にくからめ」と常に言ふめれど《イツモ言ウヨウデアルガ》、かく《コノヨウニ》言ふ人、(1)一芸も習ひ得《う》ることなし。いまだ堅固《けんご》かたほなるより《マダマッタクノ未熟ナウチカラ》、上手《じやうず》の中にまじりて、毀《そ》り笑はるるにも《ケナサレテモ笑ワレテモ》恥ぢず、つれなく《平然ト》過ぎて《押シ通シテ》嗜《たしな》む人《稽古ニ励ム人ハ》、天性《てんせい》その骨《こつ》なけれども、道になづまず《稽古ノ道ニ停滞セズ》、みだりにせずして《勝手気ママニシナイデ》年を送れば、堪能《かんのう》の嗜《たしな》まざるよりは《芸ガ達者デアッテモ稽古ニ励マナイ人ヨリハ》、終《つひ》に上手の位にいたり、徳たけ《人望モ十分ニソナワリ》、人に許されて《人ニ認メラレテ》、双《ならび》なき名を得《う》る事なり。

天下のものの上手といへども、始めは不堪《ふかん》の聞《きこ》えもあり、無下《むげ》の瑕瑾《かきん》もありき。されども、(2)その人、道の掟《おきて》正《ただ》しく《芸道ノ規律ヲ正シク守リ》、これを重くして放埒《はうらつ》せざれば、世の博士《はかせ》にて《模範トナリ》、万人《ばんにん》の師となる事、諸道かはるべからず。

（注）
上手＝名人。　天性＝生まれつき。
骨＝器量。天分。　不堪の聞え＝下手だという評判。
無下の瑕瑾＝ひどい欠点。　放埒＝勝手気ままなこと。

問一　――線部(1)の「一芸も習ひ得ることなし」の意味として最も適当なものを、次のア～エから一つ選び、その符号を書きなさい。（　　）

ア　一つの芸能しか身につけることがない。
イ　一度も芸能を習おうと思ったことはない。
ウ　一つの芸能さえ習い覚えることはない。
エ　一度も芸能を習う機会を得たことがない。

問二　――線部(2)の「その人」が指す部分を、文章中から十字以内で抜き出して、書きなさい。

8 理由を説明する

ちかみち CHIKAMICHI

一、登場人物が**どのような行動をとったのか**を内容に沿って読みとる。

二、その行動の**理由（原因）**を前後の内容から読みとる。

◎ **「已然形＋ば」**（…ノデ …カラ）の表現とのつながりにも着目する

1 次の古文を読み、後の問いに答えなさい。（大阪暁光高）

博雅[注1]の三位の家に盗人入りたりけり。三品《さんぼん》[注2]、板敷のしたに逃げかくれにけり。盗人帰り、さて後、はひ出でて家中をみるに、のこりたる物なく、みなとりてけり。ひちりき[注3]一つを置物厨子《づし》[注4]にのこしたりけるを、三位とりてふかれたりけるを、出でてさりぬる盗人はるかに①これを聞きて、感情おさへがたくして②帰りきたりていふやう「只今《ただいま》の御ひちりきの音をうけたまはるにあはれにたふとく候ひて、悪心みなあらたまりぬ。とる所の物どもことごとくに返したてまつるべし」といひて、みな置きて出でにけり。むかしの盗人は、またかく優なる心もありけり。

（「古今著聞集」巻十二・四二九段より）

注1　博雅の三位…平安時代の貴族、源博雅のこと。
注2　三品…博雅の三位の別の呼び名。
注3　ひちりき…楽器。昔のたて笛。
注4　置物厨子…ものを載せ置くための戸棚。

問一　――線①「これ」とは何を指すか。本文中から七字で抜き出しなさい。

問二　――線②「帰りきたりて」とあるが、その理由として最も適切なものを次から選び、記号で答えなさい。（　　）

ア　ひちりきのすばらしい音色に感動し、ひちりきを奪おうと思ったから。
イ　ひちりきの音色が悲しそうに聞こえ、博雅の三位をかわいそうに思ったから。
ウ　家の物が盗まれたにもかかわらず、平気でひちりきを吹く博雅の三位が怖くなったから。
エ　博雅の三位が吹くひちりきの美しい音色を聞いて強く心を打たれたから。

2 次の文章を読んで、後の問いに答えなさい。（長崎県）

昔、蛙《かえる》たちが池のそばに集まって、「私たちは手足はあるが、水中を泳げるだけで、陸に上がると這《は》いつくばって、ただぴょんぴょんと跳ぶだけだ。どうにかしてもらえるように、観音《かんのん》様にお願いしよう」と相談していた。

観音堂に参りて、「願はくはわれらをあはれみたまひ《かわいそうに思って、》、せめて蛙の身なりとも《のままでも、》、人のごとくに《ように》立ちて行くやうに守らせたまへ《してください》」と祈りける。①まことの心ざしをあはれとおぼしめしけん《かわいそうだとお思いになったのだろうか、》、そのまま後《うしろ》の足にて立ちあがりけり。「所願成就したり《願いがかなった》」と、よろこびて池に帰り、「さらばつれだちて歩きてみん」とて、陸に立ちならび、後足にて立ちて行けば、目が後になりて一足も向へ《一歩も前のほうへ》行かれず。先も見えねば②危《あぶな》さ言ふばかりなし。「これにては何の用《役》にも立たず。ただ元のごとく這はせてたまはれ《這わせてください》」と祈り直しはべり《祈り直した》といへり。

（『仮名草子集《かなぞうししゅう》』より）

問一　――線部①は「心からの願い」という意味である。その内容として最も適当なものを次から一つ選び、その記号を書きなさい。（　　）

ア　蛙たちが人間同様に大切に扱ってもらうようになること。

イ　蛙たちが人間にうらやましがられるほど幸せになること。

ウ　蛙たちが人間のように二本の足で歩けるようになること。

エ　蛙たちが人間の姿になり陸上で暮らせるようになること。

問二　――線部②は「危なくてしかたがない」という意味である。その理由を空欄に合う形で三十字以内で書きなさい。

蛙が［　　　　　］から。

9 和歌の表現をとらえる

ちかみち12 CHIKAMICHI

表現技法をふまえて和歌の心情・情景を読みとる。
○**枕詞**（まくらことば）…特定の語を導く五音の言葉で、ふつうは現代語に訳さない。
「くさまくら（旅）」「あしひきの（山）」など。
○**序詞**（じょことば）…次に来る語句を導く七音以上の言葉で、現代語に訳す。作者が自由に作る。
○**掛詞**（かけことば）…同音を利用して、一つの言葉に二つ以上の意味を持たせている言葉。

◆ 次の文章を読んで、後の問いに答えなさい。（東大谷高）

平安時代中期の女流歌人である和泉式部とその娘である小式部内侍は、ともに優れた歌人として有名であった。なお当時は、病気は病をもたらす神が人などにとりついておこるものと信じられていた。

式部がむすめ、小式部内侍《こしきぶのないし》、この世ならず《たいへん重く》わづらひけり。限りになりて、人の顔なども見知らぬほどになりて、臥《ふ》したりければ、和泉式部、かたはらにそひゐて《つきそって》、額をおさへて泣きけるに、目をはつかに《わずかに》見上げて、母が顔をつくづくと見て、息の下に、

甲 いかにせむいくべき方もおもほえず《わからない》親に先だつ道を知らねば《知らないので》

と、弱りはてたる声にていひければ、天井《てんじやう》の上に、あくび《あくびを》さしてやあらむ《かみ殺したのだろうか》、とおぼゆる声にて、「あらあはれ」と言ひてけり。さて、身のあたたかさもさめて、よろしくなりてけり。

（「古今著聞集」より）

問一 甲の和歌に詠まれた心情として最も適当なものを次から選び、記号で答えなさい。（　　）

ア 自分の人生への後悔　イ 病による苦しみ
ウ 親に先立つ悲しみ　エ 和歌への未練

問二　甲の和歌の「いくべき方」には「(　　)きる方法」と、「死んで行く方向」という二つの意味が込められている。(　　)にあてはまる漢字一字を答えなさい。また、このような表現技法を何というか。最も適当なものを次から選び、記号で答えなさい。

漢字(　　)　表現技法(　　)

ア　序詞　イ　枕詞　ウ　掛詞
エ　歌枕　オ　係り結び

問三　傍線部「天井の上に、あくびさしてやあらむ、とおぼゆる声」について会話している次の文章を読んで、後の(1)〜(3)の問いに答えなさい。

Aさん　「病気で人が死にそうなのに、あくびをかみ殺したような声を出すのは失礼だよね。」
Bさん　「違うよ。『 ① 』は、感動を表す発言だから、眠たいのとは関係ないよ。」
Cさん　「そうよ。病をもたらす神が感動した結果、病状が『この世ならずわづらひけり』から『 ② 』へ変化したのよ。」
Aさん　「そうか。この文章は、それほどの力を持つ病をもたらす神を感動させるほど ③ んだ。」

(1)　空欄部①に入る語句を、本文中から五字で抜き出しなさい。

(2)　空欄部②に入る語句を、本文中から十字以内で抜き出しなさい。

(3)　空欄部③に入るものとして最も適当なものを次から選び、記号で答えなさい。(　　)

ア　熱心に娘の看病をした和泉式部をほめている
イ　深い親子の愛情を後の時代まで語り継いでいる
ウ　立派な装飾をほどこした天井絵について説明している
エ　美しい顔立ちの和泉式部・小式部内侍を賞賛している
オ　すばらしい和歌を詠んだ小式部内侍をたたえている

10 主題・教訓をとらえる

ちかみち 15 CHIKAMICHI

具体的な出来事が描かれている部分と、そのエピソードに対する筆者の意見や感想が書かれている部分をきちんと区別して読み解く。主題や教訓は**話の最後にまとめられていることが多い。**

1 次の文章を読んで、後の問いに答えなさい。（福岡工大附城東高）

ある山寺に、徳※1高く聞こゆる聖※2《ひじり》ありけり。年ごろ、堂を建て、仏つくり、さまざまな功徳※3《くどく》をいとなみ、たふとく行ひけるが、終わりめでたくてありければ、弟子もあたりの人も、疑ひなき往生人※4《わうじゃうびと》と信じて過ぎける程に、ある人にかの聖の霊つきて、心得ぬさまのことども言ふ。

①聞けば、はや天狗になりたりけり。弟子ども、思ひの外《ほか》なる心地して、いみじく口惜《くちを》しくおもへども力なくおぼつかなき※5ことなど問ひければ、不思議のことども言ふ中に、「わが在世の間、深く名聞※6《みゃうもん》に住して、無き徳を称じて、人をたぶらかして作りし仏なれば、②かかる身となりて後は、この寺を人の拝みたふとぶ日に、我が苦患《くげん》まさるなり」とこそ言ひけれ。

いみじき功徳を作るとも、心ととのはずは、甲斐《かひ》なかるべし。「今のことなれば、名は確かなれど、殊更《ことさら》あらはさず」とぞ、ある人語り侍りし。（鴨長明「発心集」より）

※1 徳……精神的、道徳的にすぐれた品性や人格。人徳。
※2 聖……優れた僧。　※3 功徳……善い行い。
※4 往生人……極楽往生した人。
※5 おぼつかなきこと……不審な点。
※6 名聞に住して……名声や名誉にこだわって。

問一 傍線部①「聞けば」の主語として最も適するものを、次のア～エの中から一つ選び、記号で答えなさい。（　　）

ア 仏　イ 弟子ども　ウ 聖　エ ある人

問二 傍線部②「かかる身」とは、どのような身のことですか。本文中より一語で抜き出しなさい。（　　）

問三 この文章で筆者が最も言いたいことを表した一文をさがし、はじめの五字を抜き出して答えなさい。

2 次の文章を読んで、後の問いに答えなさい。

（立命館高）

ある時、馬、野辺に出て、草をはみける所に、獅子《しし》王、ひそかにこれを見て、「かの馬を食せん」と思ひしが、「先づ、武略を廻《めぐ》らしてこそ」と思ひ、馬の前に畏《おそ》りて申しけるは、「御辺《ごへん》、この程、何事をかは習ひ給ふぞ。我はこの比《ごろ》、医学をなん仕《つかまつ》り候《さうらふ》」と申しければ、馬、獅子王の悪念を覚《さと》つて、「我も謀《たばか》らばや」と思ひ、獅子王に向かひて申しけるは、「さてさて、御辺は羨しくも、医学を習はせ給ふものかな。幸《さいわ》い、我が足に株《くいぜ》を踏み立てて煩ふなり。御覧じて給《た》べかし」となん、いひける。

獅子王、得たりと、「これを見ん」といふ。「さらば」とて、馬、片足をもたげければ、獅子王、何心なく、仰向《あおの》けになつて、爪の裏を見る処を、もとより工《たく》みし事なれば、したたかに獅子王の面《つら》を、続けさまに踏んだりける。さしも猛《たけ》き獅子王も、気を失ひて起きもあがらず、その隙《ひま》に馬は遥《はる》かに駆け去りぬ。その後獅子王、這々《ほうほう》と起き上がり、身震ひして、独言《ひとりごと》を申しける。「由《よし》なき某《それがし》の計《はかりごと》にて、すでに命を失はんとす。道理の上よりもつて、いましめを蒙《かうむ》る事、これ、馬の業《わざ》にあらず。ただ、天道の御いましめ」とぞ覚えける。

その如《ごと》く、一切の人間も、知らぬ事を知り顔に振舞はば、忽《たちま》ち恥辱を受けん事、疑ひなし。「知る事を知るとも、知らざる事をば知らずとせよ。」ゆるがせに思ふ事なかれ。

（『伊曾保物語』より。出題の都合により、変更したところがある）

問一 ――線「これ」とは具体的に何を指していますか、現代のことばを用いて十字以内で答えなさい。

問二 この出来事から導き出された教訓として、最も適切なものを次のア～オから選び、記号で答えなさい。（　　）

ア 何事も策略を仕組んで物事を見極め判断する必要があるということ。

イ 悪意の有る無しにかかわらず簡単に人を信用してはいけないということ。

ウ 調子に乗って人をだましてばかりいると誰にも信用されなくなるということ。

エ 知っていることを自慢し続けていると人が離れていってしまうということ。

オ 自分の知っていることと知らないことをはっきり区別することが大切だということ。

11 漢文の返り点

\CHIKAMICHI/ ちかみち 14

返り点…訓読するために、日本語と語順の違う箇所につけて、読む順序を表す記号。

○**レ点**…下から上に一字返るときに用いる。（例、有㆑朋）

○**一・二点**…下から上に二字以上隔てて返るときに用いる。（例、自㆓遠方㆒来）

1 次の漢文の書き下し文として正しいものはどれか。（栃木県）

（　　）

過《あやま》チテハ則《すなは》チ勿カレ㆑憚《はばか》ルコト㆑改《あらた》ムルニ。（「論語」）

ア　過ちては則ち勿かれ憚ること改むるに。

イ　過ちては則ち憚ること勿かれ改むるに。

ウ　過ちては則ち改むるに憚ること勿かれ。

エ　過ちては則ち憚ること改むるに勿かれ。

2 『孟子』に「以五十歩笑百歩則何如」という一節があります。この一節の書き下し文「五十歩を以《も》つて百歩を笑はば、則ち何如《いかん》。」に従って、返り点を正しくつけたものを、次のア～エから一つ選び、記号で答えなさい。（鳥取県）

（　　）

ア　以㆑五十歩笑㆑百歩、則何如。

イ　以㆑五㆑十㆑歩笑㆑百㆑歩、則何如。

ウ　以㆓五十歩㆒笑㆑百㆑歩、則何如。

エ　以㆓五十歩㆒笑㆓百歩㆒、則何如。

3 「人の短を道《い》ふこと無かれ、己の長を説くこと無かれ。」の読み方になるように、次の文に返り点を付けなさい。（大阪府）

無カレ道フコト人ノ短ヲ、無カレ説クコト己之《の》長ヲ。

（　　）

4 次の文章を読んで、後の問いに答えなさい。（沖縄県）

（漢文の書き下し文）

※1宋《そう》人《ひと》ニ①有リ二耕スレ田ヲ者一。田中《でんちゅう》に株《かぶ》有り。兎《うさぎ》走りて株に触れ、頸《くび》を折りて死す。②因《よ》りて其の※2耒《すき》を釈《す》てて株を守り、復《ま》た〔A〕を得んことを冀《こひねが》ふ。〔A〕復た得《う》べからずして、身は宋国の笑ひと為《な》れり。今先王《せんのう》の政《まつりごと》を以《もつ》て、当世《たうせい》の民を治めんと欲するは、③皆株を守るの類なり。

田の中に切り株があった。（ある時）兎が走ってきて切り株にぶつかり、そこで（宋の国の人は、持っていた）耒を捨てて切り株を見守り、再び手に入れることを待ち望んでいた。二度とは手に入れることはできず、国中の笑い者となった。今、昔の王の政治のやり方で、今の時代の人民を治めようとするならば、切り株を見守るのと、まったく同じたぐいのことである。

（「韓非子」五蠹《ごと》〈「漢文名作選　1　思想」所収〉より。設問の都合上、一部改変してある。）

※1　宋人《そうひと》…宋の国の人。　※2　耒《すき》…畑を耕す道具。

問一　傍線部①「有リ二耕スレ田ヲ者一。」を書き下し文に直しなさい。（　　　　）

問二　傍線部②「因りて其の耒を釈てて株を守り」の理由について、最も適当なものを、次のア～エのうちから一つ選び記号で答えなさい。（　　）

ア　田を耕さなくても利益を手に入れられたから。
イ　田の切り株が自分の身を守ってくれたから。
ウ　田の切り株を他の人が狙っていたから。
エ　田を耕すのにこの切り株が邪魔《じゃま》だったから。

問三　空欄〔A〕にはどちらにも同じ語が入る。ここに入れる語として最も適当なものを、次のア～エのうちから一つ選び記号で答えなさい。（　　）

ア　田　イ　株　ウ　兎　エ　民

問四　傍線部③「皆株を守るの類なり」には、作者のどういう主張が込められているか。最も適当なものを、次のア～エのうちから一つ選び記号で答えなさい。（　　）

ア　古い習慣を変えないことは、現代に続く伝統を大切にすることと同じである。
イ　時代や社会の急な変化に応じようとすると、失ってしまうものも大きく残念である。
ウ　時代錯誤《さくご》に陥りがちな政治で、常に新しいことに挑戦し続けるのは難しいことだ。
エ　昔からのやり方にこだわって変化に富む今の世を治めようとするのは愚かなことだ。

12 説話 宇治拾遺物語

◆次の文章を読んで、後の問いに答えなさい。　（和歌山信愛高）

今は昔、静観僧正《じやうくわんそうじやう》は、西塔《さいたふ》の千手院といふ所に住み給《たま》へり。その所は、南に向かひて、※大嶽《おほたけ》をまもる所にてありけり。大嶽の①戌亥《いぬゐ》の方のそひに、iおほきなる※巌《いはほ》あり。その岩のありさま、龍《りゆう》の口をあけたるに似たりけり。その岩Aのiiすぢに向かひて住みける僧ども、命もろくして多く死にけり。しばらくは、Xいかにして死ぬるやらんと、心も得ざりけるほどに、「この岩のあるiiiゆゑぞ」といひたちにけり。この岩を、②毒龍の巌とぞ名付けたりける。これによりて、西塔Bのありさま、ただ荒れにのみ荒れまさりけり。この千手院にも、人Cの多く死にければ、住みわづらひけり。この巌を見るに、まことに龍の大口をあけたるに似たり。人の言ふことはYげにさもありけりと、僧正思ひ給ひて、この岩の方に向かひて、七日七夜※加持《かぢ》し給ひければ、七日といふ夜半《よは》ばかりに、空くもり、大地震動することおびただし。黒雲かかりて大嶽見えず、しばらくありて③その姿あらはれぬ。夜明け、大嶽を見れば、毒龍の巌くだけて散り失《う》せにけり。それより後、西塔に人住みけれども、祟《たた》りなかりけり。

（「宇治拾遺物語」より）

注　※大嶽…比叡《えい》山の最高峰。
※巌…高くそびえる大きな岩。
※加持…願い事の成就《じょうじゅ》や病魔の退散などを仏に祈り、助けてもらうこと。

問一　～～線部i「おほきなる」、ii「すぢ」、iii「ゆゑ」をそれぞれ現代仮名遣いに直し、すべてひらがなで答えなさい。

i（　　）　ii（　　）　iii（　　）

問二　----線部X「いかにして死ぬるやらん」、Y「げにさもありけり」の現代語訳として、最も適当なものをそれぞれ選び、記号で答えなさい。

X「いかにして死ぬるやらん」（　　）

ア　どうして死んでしまうのだろうか
イ　どうして死なないようにできるだろうか
ウ　どうしても死んでしまうのだろうか
エ　どこで死ぬことになるのだろうか
オ　どんな人も死んでしまうのだろうか

Y「げにさもありけり」（　　）

ア　全くあてにならないものだなあ
イ　ひどく大げさであるものだなあ
ウ　本当にその通りであるものだなあ
エ　全く確かめることができないものだなあ
オ　本当にわけがわからないことだったなあ

問三　＝線部A～Cの「の」の中で、働き・意味が他と異なるものを一つ選び、記号で答えなさい。（　　）

問四　——線部①「戌亥《いぬゐ》の方」について、次の問いに答えなさい。

(1)　「戌」、「亥」が入る場所として、適当な場所を次の図中のア～カからそれぞれ選び、記号で答えなさい。

戌（　　）　亥（　　）

(2)　「戌亥の方」が指す方角を答えなさい。（　　）

問五　——線部②「毒龍の巌とぞ名付けたりける」について、次の問いに答えなさい。

(1)　ここで用いられている古文特有の決まりを何と言いますか、答えなさい。（　　）

(2)　「毒龍の巌」と名付けられた理由を説明しなさい。（　　）

問六　——線部③「その姿あらはれぬ」について、「その姿」の内容を明らかにして現代語訳しなさい。（　　）

問七　次のA～Eについて、本文の内容として適当なものには○を、適当でないものには×をそれぞれ書きなさい。

A　僧が多く死んで、千手院に住む者は皆去って行った。（　）
B　静観僧正は祟りをなくすため、岩に背を向け祈った。（　）
C　静観僧正が祈り、七日目の夜中に地震が起きた。（　）
D　岩に雷が直撃した結果、岩は砕けてなくなった。（　）
E　岩がなくなったあとは、祟りがなくなった。（　）

13 随筆 花月草紙

◆次の文章を読んで、後の問いに答えなさい。　（東海大付福岡高）

　鷹の羽にすむ虫ありけり。a空たかくとびかけるときは、はるかに人の住家などをも見くだしつ。①げにわれは②事たれる身かな。つばさもうごかさで、千里の遠きに行きかよひ、雲ゐ（雲よりさらに高い所）のよそまでもあがるめり。ことにさまざまの鳥はみなおそれてにげはしる。げにもわれにかつものは大かたあらじ（まったくいないだろう）などおもひつつ、かのたかの毛のうちに居つつ、しきりにししむら（肉）をさし、血をすひてゐしが、そのやから（仲間）いとおほくなりもてゆきしにや、つひにそのたかもたふれにけり。それよりみづからいでてとびかけらんとおもへども、とび得ず。はしらんと思へども、すみやかならず。血もつき肉むらもかれぬれば（干からびてしまったので）、いまは③いのちつなぐやうもなし。からうじてまづその毛のうちをくぐり出でてはひゆけば、すずめの子のゐたりけり。われをおそれなんとみれば、すずめの子はしらぬさまなり。いかにしてみつけざるかとかたはら（近く）へはひよれば、④うれしげにみて、くちばしさしいだして、bついばまんとす。例なきことなれば、おそろしくてcにげ隠れぬと、かの友どちにかたりにけり。

（「花月草紙」第一五〇段より）

問一　波線部a〜cの主語として最も適当なものを次の中からそれぞれ一つ選び、記号で答えなさい。

a（　　）b（　　）c（　　）

ア 鷹　**イ** 虫　**ウ** さまざまの鳥
エ すずめの子　**オ** 友どち

問二　傍線部①「げに」の意味として最も適当なものを次の中から一つ選び、記号で答えなさい。（　　）

ア 偶然に　**イ** このように
ウ 本当に　**エ** 意外に

問三　傍線部②「事たれる身かな」について

(1)　現代語訳として最も適当なものを次の中から一つ選び、記号で答えなさい。（　　）

ア　様々なことが自身に起こることだなあ。
イ　恐ろしいことを体験したなあ。
ウ　何の不自由なく満足した身分だなあ。
エ　たくさんの仲間が増えて心強いなあ。

(2)　このように思う理由として最も適当なものを次の中から一つ選び、記号で答えなさい。（　　）

ア　鷹に見つかればすぐに食べられてしまい、いつも危険と隣り合わせの毎日だから。
イ　自分で羽を動かさないでも高く遠くまで飛べたり、その上に色々な鳥はみな自分を恐れて逃げて行くから。
ウ　狭い鷹の羽の中で、仲間が増えすぎて食べ物も不足しがちになるから。
エ　同じ鷹の羽にすむ仲間の虫と協力して、恐ろしい敵である鷹を倒すことができたから。

問四　本文を前半と後半に分けるとしたらどこで区切るのがよいか。後半の最初の五字を抜き出して答えなさい。

問五　傍線部③「いのちつなぐやうもなし」の現代語訳として最も適当なものを次の中から一つ選び、記号で答えなさい。（　　）

ア　命をつないでいく方法もない。
イ　命をつなぐ必要もない。
ウ　命をつなぐようにも見えない。
エ　命をつなぐ余裕もない。

問六　傍線部④「うれしげにみて」の理由として最も適当なものを次の中から一つ選び、記号で答えなさい。（　　）

ア　鷹が死んで恐ろしい敵がいなくなったから。
イ　虫が上手に飛んだり走れない姿がおかしかったから。
ウ　自分の餌になる小さな虫が近付いてきたから。
エ　鷹が死んだ後でも威張っている虫がおかしかったから。

問七　本文の主題に最も近いことわざを次の中から一つ選び、記号で答えなさい。（　　）

ア　馬の耳に念仏　　イ　虻蜂取らず
ウ　虎の威を借る狐　　エ　能ある鷹は爪を隠す

14 笑話 きのふはけふの物語

◆次の文章を読み、後の問いに答えなさい。

（立命館守山高）

此《この》ほど上京《かみぎやう》に俄《にはか》に分限※1になりたるものあり。今焼のつぼを店へア出す。ある数寄者《すきしや》※2格子《かうし》のうちをのぞき、このつぼをみて、「さてさて異風物※3かな、口がひろいが、だひつぼ※4によからう」というて手を入れてみる。入りてから、此手がぬけず、めいわくして、まづ①代をとふ。うちよりこのてもとをイ見て、「千貫ならばうらう」といふ。これを聞きて肝を消し、「さてさてさやうにする物ではないぞ、百貫に」とねぎる。「中々さやうにはならぬ」といふ。二百貫、三百貫までウねぎる。「いやこなたへ」とて引き、次第にはれてぬけず。「さらば五百貫に買わう」といふ。②もしぬけぬさきにとて、まけてかねエうけとる。さてかへりてぬかうと思へば、又格子にせかれて出ず。「ついでに格子をも買わう」とてまた百貫そへ、六百貫とり、③いまちやうじやと申すなり。

（「きのふはけふの物語」より）

※1 分限…金持ち。
※2 数寄者…風流人。
※3 異風物…変わった物。
※4 だひつぼ…だい壺。大壺か代壺かなどの詳細は不明。

問一 波線部ア～エから、他の三つとは動作主が異なるものを選び、記号で答えなさい。（　）

問二 傍線部①「代をとふ」の意味として最も適切なものを、次のア～エから一つ選び、記号で答えなさい。（　）

ア 代わりの品を要求する
イ 代わりに支払いを頼む
ウ 店の代表者を呼ぶ
エ つぼの代金を尋ねる

問三 傍線部②「もしぬけぬさきに」とあるが、このあとにはどのような内容が続くと考えられるか。それを説明した次の文の□にあてはまる言葉を、十字以上二十字以内で書きなさい。

つぼが割れて、□しまうといけない。

問四 傍線部③「いまちやうじや」を言いかえた言葉を、本文中から十 字で探し、初めの五字を抜き出しなさい。

問五　この話の面白いところの説明として最も適切なものを、次の**ア**～**エ**から一つ選び、記号で答えなさい。（　　）

ア　つぼに払うお金をけちっていた数寄者が、格子を買うときにはあっさりとお金を出したところ。

イ　つぼが高く売れて気を良くした店主の不注意により、格子が非常に安く買われてしまったところ。

ウ　つぼから手が抜けなくなった数寄者が、つぼに加えて格子まで買わなければならなくなったところ。

エ　つぼを高く売ることができた店主が、すぐにそれ以上の買い物をしなければならなくなったところ。

15 紀行文　東関紀行

◆次の古文は、故郷である都を離れ、二か月余り鎌倉に滞在している筆者が、渡り鳥を眺めて和歌を詠《よ》んだ場面である。よく読んで、後の問いに答えなさい。（山口県）

聞《きき》なれし虫の音《ね》も漸《やうやう》よはり果て、松吹《ふく》峰の嵐のみぞいとどはげしくなりまされる。懐土の心に催されて、つくづくと都の方をながめやる折しも、一行《ひとつら》の雁《※かり》がね雲にきえ行《ゆく》も哀《あはれ》なり。

（次第に消え果てていき　松を吹き下ろす山頂からの強い風だけがますますはげしくなっていく　故郷を恋しく思う心　そのとき　一列に連なる）

帰るべき春をたのむの雁がねも啼《※なき》てや旅の空に出《い》でにし

（春には再び故郷に帰ることを頼みにして田の面の雁がねも　出たの　であろうか）

（「東関《とうかん》紀行《きこう》」より）

（注）※雁がね＝雁。渡り鳥の一種。
※啼＝「鳴」と同じ。

問一　「たのむ」には、「頼む」と、「田の面《も》」のなまった「たのむ」の両方の意味が含まれている。このような和歌の修辞法（表現技法）を何というか。次のア～エから一つ選び、記号で答えなさい。（　）

ア　序詞　イ　枕詞　ウ　掛詞　エ　係り結び

問二　「聞なれし虫の音も漸よはり果て、松吹峰の嵐のみぞいとどはげしくなりまされる」とあるが、この部分で表現されていることとして最も適切なものを、次のア～エから選び、記号で答えなさい。（　）

ア　風が強まる春の始まり
イ　草木が生い茂る初夏
ウ　虫の音が響く秋の盛り
エ　寒くて厳しい冬の到来

問三　「雁がね」に、筆者は自分のどのような心情を重ねているか。次の文がそれを説明したものとなるよう、□に入る適切な内容を、十五字以内の現代語で答えなさい。

雁がねと同じように自分も故郷から遠い地にいるため、□としみじみ感じている。

解答・解説

※解説中のちかみち1～ちかみち11はそれぞれちかみち1～ちかみち11を指します。

1 基礎知識

1 ちかみち1 はこう使う!

(1)「ゐ」は「い」にする。

(2)・(5) 語頭以外の「は・ひ・ふ・へ・ほ」は「わ・い・う・え・お」にする。

(3) 語頭以外の「は・ひ・ふ・へ・ほ」は「わ・い・う・え・お」にする。また、「au」は「ô」と発音するので、「たふ」は「たう」となり、「とう」となる。

(4) 助詞以外の「を」は「お」にする。また、「iu」は「yû」と発音するので、「しう」は「しゅう」にする。

解答

(1) まいる (2) ほうし (3) とうとく (4) くちおしゅう
(5) にわかにさむくさえなりぬ

2 ちかみち1 はこう使う!

(1) 語頭以外の「は・ひ・ふ・へ・ほ」は「わ・い・う・え・お」にする。

(2) 語頭以外の「は・ひ・ふ・へ・ほ」を「わ・い・う・え・お」にする。また、「eu」は「yô」と発音するので、「てふ」は「てう」となり、「ちょう」となる。

(3)「くわ」は「か」にする。「過客」、つまり旅人のこと。

解答

(1) かおり (2) ちょうちょう (3) かかく

3 ちかみち1 はこう使う!

(1)「づ」は「ず」にする。

(2) 語頭以外の「は・ひ・ふ・へ・ほ」は「わ・い・う・え・お」にする。

(3) 助詞「なむ」に含まれる「む」や、助動詞の「む」は「ん」にする。

(4) 促音の「つ」は小さい「っ」にする。

(5)「au」は「ô」と発音するので、「やう」は「よう」、「らう」は「ろう」にする。拗音の「よ」は小さい「ょ」にする。「上臈」とは、年功を積んだ高僧、地位や身分の高い人。

解答

(1) いたずら (2) いい (3) なん (4) もっとも (5) じょうろう

4 ちかみち1 はこう使う!

(1) 語頭以外の「は・ひ・ふ・へ・ほ」は「わ・い・う・え・お」にする。また、「au」は「ô」と発音するので、「あふ」は「あう」となり、「おう」となる。

(2)・(4) 語頭以外の「は・ひ・ふ・へ・ほ」は「わ・い・う・え・お」にする。

(3)「ゑ」は「え」にする。
(5) 助詞以外の「を」は「お」にする。
(6)「eu」は「yô」と発音するので、「けふ」は「けう」となり、「きょう」となる。

回 解答 回

(1) おうぎ　(2) よそおい　(3) こえ　(4) むこう　(5) おとこ
(6) きょう

5

回 解答 回

① むつき　② 弥生　③ さつき　④ 文月
⑤ かんなづき（または、かみなづき）　⑥ 師走

6 ちかみち3 はこう使う!

問二、十二支で二十四時間となり、干支ごとに二時間を刻む。十二支で「午」は七番目、「戌」は十一番目であることをふまえて計算する。

回 解答 回

問一、a、おもい　b、いて　c、かろうじて　問二、エ

解説

問一、ちかみち1参照。a、語頭以外の「は・ひ・ふ・へ・ほ」は「わ・い・う・え・お」にする。b、「ゐ」は「い」にする。c、「au」は「ô」と発音するので、「らう」は「ろう」にする。

▲口語訳▼　昔、若い男が、身分容姿などが悪いとは言えない女に恋をした。さし出た知恵をまわす親がいて、思う気持ちが極まってはと、この女をよそへ追い払おうとした。そうは言っても、まだ追い払わなかった。その男はまだ親に養ってもらっている身なので、まだ自分の気持ちを通す心の強さがなく、親が女を追い払うのを止める力もない。女も身分が低いので、（男の親に）抵抗する力がない。そうしている間に女を思う気持ちがだんだんと勝っていった。急に親が、この女を追い払った。男は、血の涙を流したが、止める方法もない。（ついに家来が女を）連れて出て行った。男は、泣きに泣き歌を詠んだ。

　女が自分の意志で出て行ってしまったのなら誰が別れがたく思うだろうか、あきらめがつくというものだ。しかし無理矢理に連れ出されてしまったのだから、これまでの切ない思いにもまして、今日は悲しくてならない。

と詠んで悲しみのあまり気を失ってしまった。親は、あわてた。そうは言っても息子を思ってこそ言ったことで、まさかこのようなことになろうとは、と思ったが、本当に気を失ってしまったので、うろたえて神仏に祈願した。今日の日没のころに気を失って、次の日の戌の時ごろに、かろうじて息を吹き返した。

　昔の若者は、そのように恋愛に熱中したものだ。

2 古文で用いられる言葉

1 ちかみち5 はこう使う!

問一、a、心に強く感じる様子を表す。b、失望した気持ちを表す。c、作者が相手の風流心に感じ入っていることを表す。

回**解答**回

問一、a、イ　b、ウ　c、ア　問二、イ

問三、1、ウ　2、兼好法師（または、吉田兼好）

3、カ　4、コ（3・4は順不同）

◇**解説**◇

問二、「べき」は、可能の助動詞「べし」の連体形。「かは」は、「〜だろうか、いや〜ではない」という意味の反語。

問三、**ちかみち4**参照。『徒然草』は、清少納言の『枕草子』、鴨長明の『方丈記』とともに、三大随筆と呼ばれている。

▲**口語訳**▼　雪が見事に降った朝、ある人のもとへ言うべきことがあって手紙を送ったところ、雪のことを何とも言わなかった手紙の返事に、「この雪をどのように見ましたかとは、一言もお書きにならない、そのような風流を解さない人がおっしゃることを、聞き入れることができるでしょうか、いや、できません。つくづく残念なお心でございます」と書いてあったのは、感慨深いことであった。

その人は今は故人であるので、これだけのことでも忘れることはできない。

2

問一、A、**ちかみち5 はこう使う！** 桜の咲いている様子を表す。B、「わが父の作り…実の入らざらん」ということを思って、泣くような気持ちを表す。

回**解答**回

問一、A、イ　B、エ

▲**口語訳**▼　これも今では昔の話だが、田舎の児が比叡の山へ登って修行をしていたところ、桜がすばらしく咲いているところに、風がはげしく吹いたのを見て、この児がしきりに泣いていたのを見て、僧がそっと近寄って、「どうして、そんなにお泣きになるのか。この花が散るのを惜しくお思いか。桜ははかないもので、こうしてすぐに散ってしまうのです。しかし、それだけのことです」と慰めたところ、（この児は）「桜が散るのは、どうするわけにもいかないので、かまいません。私の父が作っている麦の花が散って、実らないのではないかと、思うのがつらいのです」と言って、しゃくりあげて、「よよ」と激しく泣いたので、なんとがっかりした話ではないか。

3　係り結びの法則

1

問三、**ちかみち6 はこう使う！** 「母なむ」の「なむ」という係りの助詞に呼応して、結びが連体形になっている。

回**解答**回

問一、A、もうず　B、かなしゅう　問二、しわす　問三、エ

問四、死別

◇**解説**◇

問一、**ちかみち1**参照。A、「au」は「ô」と発音するので、「まう」は「もう」となる。「づ」は「ず」にする。B、「iu」は「yû」と発音するので、「しう」は「しゅう」となる。

問二、ちかみち1参照。漢字で「師走」と書く。

問四、年を取ることによっておこる、「避けることのできない別れ」を考える。

▲口語訳▼　むかし、男がいた。身分は低かったけれども、母は内親王であった。その母は、長岡という所に住んでいらっしゃった。子は宮中にお仕えしていたので、参上しようとしたけれども、しばらく、参上できなかった。その上一人っ子でもあったので、たいそうかわいがっていらっしゃった。そうした折、十二月ごろに、急を要することといってお手紙があった。驚いて見ると、和歌があった。

　年を取ると避けることができない別れがあるというので、ますます会いたいと思うあなたであるよ

その子が、たいそう泣いて詠んだ歌、

　世の中に避けることができない別れがないとよいのだがなあ。永遠に（母の命が続いてほしい）といのる人の子のため

2　ちかみち6 はこう使う！

問四、係りの助詞「ぞ」があるので、文末は連体形で結ばれている。

回解答回

問一、a、もうしよう　b、たまわり

問二、塩焼きて売らばや　問三、(1)エ　(2)イ

問四、（係り）ぞ　（結び）ける

◇解説◇

問一、ちかみち1参照。a、「申す」は歴史的仮名遣いでは「まうす」と書く。「au」は「ô」と発音するので、「まう」は「もう」、「やう」は「よう」にする。b、語頭以外の「は・ひ・ふ・へ・ほ」は「わ・い・う・え・お」にする。

問二、文太はまず自らの意志をもってから、主人に「商ひしてみ候はん」と伝えている。

問三、もともと主人は、仕事を失った文太を気の毒に思って雇った。

▲口語訳▼　こうして年月が経つと、文太が自分も塩を焼いて売りたいと思い、主人に「この年月、奉公申し上げましたごほうびに、塩竈を一つ頂きたく存じます。あまりに生活の頼みとするものがございませんので、商いをしてみるつもりでございます」と申し上げると、（主人は）もともとかわいそうに思っていたので、塩竈二つを取らせたところ、（文太が）塩を焼いて売ると、この文太の塩と申すのは、気持ちが良くて、食べた人は病気にならず若返り、塩の多さの限度もなく、普通の塩竈の三十にもあたる塩になるので、すぐに金持ちになられた。年月が過ぎ、今では大金持ちとなった。それなので、つのをかが磯の塩屋たちは、みながみな従った。よって、名を変えて、文正つねをかと申した。

4 「の」の用法

1　ちかみち7 はこう使う！

問二、「が」に言い換えられる。主語を示す「の」を選ぶ。他は、連体修飾語を作る「の」で、後の名詞にかかる。

回解答回

問一、ア　問二、オ　問三、イ　問四、エ

◇解説◇

問一、夜半から明け方までの時間帯を表す。

問三、「なつかし」は「心がひかれる」という意味である。「遠山にこそ…」と詠んでいるように、近くで聞く鹿の鳴き声は「なつかし」と感じられないことを表現している。

問四、**ちかみち6**参照。「こそ」という係りの助詞に呼応して、結びは已然形になる。

▲口語訳▼　もう夜明け前になってしまっただろうと思っていると、山の方から人が大勢やってくるような音がする。目を覚ましてそちらを見ると、鹿が縁先まで来て鳴いているが、その声は近くでは風情を感じられないものである。

　秋の夜に妻を恋しく思う鹿の鳴き声は、遠くの山から聞こえてくるのがいいものだ

　知っている人が、近くまで来たのに帰ってしまったと聞き、まだ人に会ったこともない山辺の松風も音だけは立てて帰っていくと聞いているのに

2

ちかみち7 はこう使う！

問一、aは、「が」に置き換えることができるので、主語を示す。他は連体修飾語を作る。

回解答回

問一、a　問二、1、ウ　2、エ　3、ア

◇解説◇

問二、**ちかみち5**参照。1、前に「今日ありつる事」を「語り」とあることから考える。2、「ののしる」は、大声でわめくことを表す。3、「をかし」は、心がひかれることを表す。

▲口語訳▼　長い間離れていて久しぶりに会った人が、自分の身にあったことを、数多く何もかも語り続けるのは面白くない。分け隔てなく慣れ親しんだ人であっても、しばらくたって面会するのは恥ずかしいものではないだろうか。

　教養の劣っている人はちょっと外出しても、今日はこんなことがあったといって、息つく間もないほど、面白がって話をするものだ。教養のある人が話をするときは人がたくさんいても、一人に向かって話すので、自然と人も耳を傾ける。教養のない人は誰に語るということもなく、大勢の中に、しゃしゃり出て、自分が目にしたことのように語るので、皆は同じように笑って大騒ぎをして、とても騒々しい。

　おもしろいことを言ってもそれほど感心せず、おもしろくないことを言っても、よく笑うというのは、品性の程度がはかられるようだ。人の外見のよしあしについて、学のある人がそのことなどを評価し合うときに、自分の身を引き合いに出して、語り始めるのは、とても興ざめがする。

5 主語を見つける

1 ちかみち8はこう使う！

問一、登場人物の「陰陽師」と「小童」の動作や様子をおさえる。ⓐは、すばらしく物を知っていると作者が感心する者の動作。ⓘは、行事などで祭文をよむ人。「小童」が仕える人でもある。

◎解答◎

問一、ウ

問二、さっと立ち走って、酒や水を振りかける（18字）（同意可）

◇解説◇

問二、作者は「小童」の「ちうとたち走りて…しありくさま」を見て感心している。「指示されなくても」は「いはぬに」にあたる。

▲口語訳▼ 陰陽師に仕える子供は、すばらしく物事をよくわきまえている。お祓いなどを行いに出たとき、（陰陽師が）祭文などをよむのを、人はただ聞いているだけだが、子供はさっと立ち走って「酒、水を振りかけよ」と言わないのに、それをしてまわる様子が、やるべきことをわきまえ、少しも主人に物を言わせないことこそ、うらやましいことよ。こういう気のきく者を使いたいものだ、と思われる。

2 ちかみち8はこう使う！

問二、主語を把握しながら話の流れを追っていく。Ⓐ「女房の聞く」と思って、笛を吹いた人。Ⓑ明宗の笛をこっそり聴いて感心した人。「仰せ」は「言う」の尊敬語。身分の高い人の動作。Ⓒ自分の笛を帝が聴いていたと聞き、急にあたふたした人。

◎解答◎

問一、①ウ ②イ 問二、Ⓐイ Ⓑア Ⓒイ

問三、ゆゆしき心おくれの人

◇解説◇

問一、①「え〜ず」で「〜することができない」という意味になる。②「本意」は、本来の希望や目的。「本意なし」で、願いがかなわなかった帝の心情を示す。

問三、文章の最初に、明宗の性格について述べている。帝の前では笛が吹けないような人物。

▲口語訳▼ 堀河院の時代に、勘解由次官明宗といって、たいへん上手な笛吹きがいた。非常に物怖じする人だった。堀河院が笛をお聴きになろうと、お召しになったとき、帝の御前であるかと思うと、気後れし震えて吹くことができなかった。

（帝は）残念だと思って、明宗の知人である女房に「個人的に坪庭の辺りに呼んで、笛を吹かせよ。私は物かげに立ってそっと聴こう」と仰せられたので、（女房は明宗に）頼んで月夜の晩に約束をして、笛を吹かせた。（明宗は）「知人の女房が聴いている」と思い、遠慮することもなく思うように吹いた。この世に類を見ないほど、すばらしかった。

帝はとても感動なさり、「日頃から名人であると聞いてはいたものの、これほどまでとは思わなかった。いっそうすばらしかった」とおっしゃってお出ましになったので、「それでは、帝

がお聞きになっていたということだよ」と、すぐにおどおどして動揺し、縁側から落ちてしまった。（これによって）「安楽塩」というあだ名がついてしまった。

6 会話文を抜き出す

1 **ちかみち9 はこう使う!**

問一、「悲しびもある時にはよむとて」の「とて」は、「と言って」という意味で、引用句や会話文の後につく。

解答

問一、時にはよむ　問二、故郷をなつかしく思う（同意可）

解説

問二、中国から日本に帰ろうとしている仲麻呂が、日本の奈良の月を思い出していることから考える。

▲口語訳▼　昔、阿倍の仲麻呂という人は、中国に渡って、日本に帰って来ようとする時に、船に乗る所で、あちらの国の人が、送別の会をして、別れを惜しんで、あちらの漢詩を作るなどしていた。なごりがつきないように思ったのだろうか、月が出るまでそこにいた。その月は、海から出てきた。これを見て、仲麻呂さんは、「わが国では、こういう和歌を、このように別れを惜しんだり、喜んだり、悲しんだりする時には詠む」と言って、詠んだ歌は、

　青海原のはるか遠くの空をながめると奈良の春日にある三笠山に出ていた月と同じ月だなあ

と詠んだ。中国の人は聞いてもわかるまい、と思えたが、和歌の意味を、日本の言葉を理解している人に、説明して聞かせたところ、歌の心を理解することができたのだろうか、とても思いのほか感心したということだった。中国と日本とは、言葉は違うけれど、月の光は同じであるはずだから、人の心も同じなのだろう。

2 **ちかみち9 はこう使う!**

問一、会話文の始めは「いはく」、終わりは引用を示す助詞「と」に着目し、父の言葉と、それに答える元啓の言葉をおさえる。

解答

問一、持ちて〜かせん　父の年〜んため　問二、父

解説

問二、元啓は「父の年たけ給ひたらん時」と言って、父が年を取った時のことを考えている。

▲口語訳▼　中国の漢王朝の時代に孝孫と呼ばれる者がいた。年は十三歳だったが、父が、妻の言葉に従って、年老いた親を山へ連れて行き捨てようとした。孝孫は幼かったが、思慮分別のある人で、父に忠告したけれども父は聞き入れなかった。源谷・元啓という二人の子は、手で持つ輿に載せて山へ連れて行き捨てて帰る。（その時、）元啓はこの輿を持って帰ろうとする。父が、「持って帰ってどうしようというのだ」ととどめたところ、「お父さんが年を取りなさった時、持って来て捨てるためです」と言ったことに父ははっとして、私が自分の父親を捨てたら、

また私に見習って、次は私が捨てられるのだということを思い、また親を連れて帰り世話をした。父に忠告するという計略は、本当に知恵深いことであった。

人の習性として、良いことは学習しないけれども、悪い行いは学習するものであり、このように言うのに従って、父は身を慎んで親の世話をした。祖父を助け、父を戒めた孝行の者として、名前が天下に知られた。孝孫と言われた。

7 指示語の指示内容をとらえる

1 ちかみち10はこう使う！

問一、「成らむさま」は成長する様子。姫君が虫籠に入れて観察しようと「取り集め」たものを、前の部分からおさえる。

解答

問一、よろづの虫の、恐ろしげなる（13字）　問二、ⅰ、ア　ⅱ、エ

解説

問二、「烏毛虫」の「心深きさましたる」ところを「心にくけれ」と思った姫君は、「耳はさみをして」夢中になってその虫を「まぼり」なさっている。

▲口語訳▼　この姫君は、「人々が、花よ、蝶よともてはやすのは、浅はかで不思議なことである。人間は、真実である、本来の姿を追究してこそ、心のあり方としてすばらしいのである」とおっしゃって、いろいろな虫の中でも、恐ろしそうなのを採集して、「これが、成長する様子を観察しよう」と言って、さまざまな虫籠などにお入れなさった。中でも、「毛虫が、思慮深い様子をしていることにこそ心ひかれる」と言って、朝晩、前髪をかき上げて耳の後ろにはさみ、毛虫を手のひらにのせてじっと見守りなさる。

若い女房たちはひどく怖がったので、男の童で、物おじしない、身分の低い者をお呼び寄せになって、箱の中の虫たちを取らせ、名を問い聞き、さらに新しい種類の虫には名をつけて、おもしろがっていらっしゃる。

「人はみな、見かけの美しさを大切にしているのはよくない」と言って、眉毛はまったくお抜きにならない。おはぐろも、「まったくわずらわしい、きたならしい」と言っておつけにならず、真っ白な歯を見せて笑いながら、この虫たちを、朝夕にかわいがっていらっしゃる。

2 ちかみち10はこう使う！

問二、前で「始めは不堪の聞えもあり、無下の瑕瑾もありき」と説明されている人を表す言葉をおさえる。

解答

問一、ウ　問二、天下のものの上手

解説

問一、「一芸」も「習ひ得る」ことがないという意味を表している。

▲口語訳▼　芸能を身につけようとする人は、「よくできないような時期には、なまじっか人に知られまい。内々でよく習ってから人前に出ていくようなことこそ、たいへん奥ゆかしいだろう」

といつも言うようであるが、このように言う人は一芸も習い覚えることはない。まだまったくの未熟なうちから、上手の中にまじって、けなされても笑われても恥ずかしいと思わずに、平然と押し通して稽古に励む人は、生まれつきその天分がなくても、稽古の道に停滞せず、勝手気ままにしないで年月を送れば、芸が達者であっても稽古に励まない人よりは、最後には上手の域に至り、人望も十分にそなわり、人に認められて、比類ない名声を得ることである。

　天下に芸能の名人といっても、初めは下手だという評判もあり、ひどい欠点もあった。それでも、その人が、芸道の規律を正しく守り、これを重視して勝手気ままなことをしなければ、世の模範となり、万人の師となることは、あらゆる道で変わることはないだろう。

8 理由を説明する

1 **ちかみち11** はこう使う！

問二、帰ってきた盗人は、博雅の三位の家から盗んだ物を「ことごとくに返し」た。改心した理由を、盗人は「只今の御ひちりきの音を…悪心みなあらたまりぬ」と説明している。

回 **解答** 回

問一、御ひちりきの音　問二、エ

◇ **解説** ◇

問一、**ちかみち10**参照。「ひちりき一つを…三位とりてふかれたりける」という状況で盗人が聞いたものが、「只今の…悪心みなあらたまりぬ」という発言の中で示されている。

▲**口語訳**▼

　博雅の三位の家に盗人が入った。三位は、板敷の下に逃げて隠れた。盗人が帰り、その後に、（三位が）はい出て家の中を見ると、残っている物がなく、みな盗まれていた。ひちりき一つが置物厨子に残っていたのを、三位が取り上げて吹かれたところ、三位の家を出て去っていった盗人が遠くでこれ（ひちりきの音）を聞いて、（りっぱで優雅だという）感情がおさえ難くなって（三位の家に）帰ってきて言うことには「只今のひちりきの音をお聞きするとしみじみと尊くいらっしゃって、悪い心がすべて改まりました。盗んだ物をすべてお返しいたします」と言って、（盗人は盗んだ物を）すべて置いて出ていった。昔の盗人は、このような美しい心もあった。

2 **ちかみち11** はこう使う！

問二、前の「先も見えねば」は、「已然形＋ば」で理由を示す。願いのかなった蛙が後ろ足で立って歩こうとすると「目が後に」なり、「先も見えねば」という状態になっていることをまとめる。蛙は這いつくばるのに適した体なので、立ち上がると不便なことが起こる。

回 **解答** 回

問一、ウ　問二、後ろ足で立ち歩くと、目が後ろを向いてしまい、前方が見えない（29字）（同意可）

◇解説◇

問一、蛙たちは観音様に「人のごとくに立ちて行くやうに守らせたまへ」と祈っている。陸では這いつくばって跳ぶだけという現状を変えたいと思っている。

▲口語訳▼　観音様にお参りをして、「どうか、私たちをかわいそうに思って、せめて蛙の体のままでも、人のように立って歩けるようにしてください」と祈った。心からの願いをかわいそうだとお思いになったのだろうか、そのまま後ろ足で立ち上がるようになった。「願いがかなった」と、喜んで池に帰り、「それでは一緒に歩いてみよう」ということで、陸地に並んで立ち、後ろ足で立って歩いて行こうとするが、目が後ろになって一歩も前のほうへ進めない。前方が見えないので危なくてしかたがない。「これでは何の役にも立たない。どうか元のように這わせてください」と祈り直したということだ。

9 和歌の表現をとらえる

◆ ちかみち12 はこう使う！

問二、「いく」という音をふまえて、命が「限り」になった者が、できなくなることを考える。一つの言葉に二つの意味を持たせる表現技法を「掛詞」という。

回解答回

問一、ウ　問二、(漢字) 生　(表現技法) ウ

問三、(1) あらめはれ　(2) よろしくなりてけり　(3) オ

◇解説◇

問一、小式部内侍が、「親に先だつ道を知らねば」と詠んでいることをおさえる。

問三、(1) 天井の上から聞こえた「感動を表す」言葉を入れる。(2) 天井から声が聞こえた後、小式部内侍の病状は「よろしく」なっている。(3) 小式部内侍が歌を詠んだ後、天井から聞こえた「病をもたらす神」の声が「感動を表す発言」をしたことから考える。

▲口語訳▼　和泉式部の娘の、小式部内侍は、たいへん重く病をわずらった。もはや命もこれまでかという状態になって、人の顔なども見分けられないほどになって、臥せていると、和泉式部が、そばにつきそって、額をおさえて泣いていたので、小式部内侍は目をわずかに見上げて、母の顔をつくづくと見て、息の下で、

　どうしたらいいのでしょう　生きる方法もわからず、死んだ後にどこへ行っていいかもわからない、親に先立つ道を知らないので

と、弱りはてた声で言ったところ、天井の上で、あくびをかみ殺したのだろうか、と思われる声が、「あらすばらしい」と言った。すると、熱も下がって、病は治ってしまった。

10 主題・教訓をとらえる

1 ちかみち13 はこう使う！

問三、具体的なエピソードを述べた後、筆者の考えが最後の段落

にまとめられている。「人をたぶらかして」仏像を作るような行いを「心ととのはず」と評した筆者は、そうした行いでは「甲斐なかるべし」と断じている。

回 **解答** 回

問一、イ　問二、天狗　問三、いみじき功

◇ **解説** ◇

問一、**ちかみち8**参照。「疑ひなき往生人」と思っていた聖の霊から「天狗」になったと聞き、「思ひの外なる心地」になっている者たち。

問二、**ちかみち10**参照。ある人にとりついた「聖の霊」は、自分の身について弟子に「はや天狗になりたりけり」と話している。

▲口語訳▼　ある山寺に、徳が高いと評判の優れた僧がいた。長年、お堂を建てたり、仏像を作ったり、さまざまな善い行いをして、尊い行いをしていたが、死ぬ時も立派な様子であったので、弟子も周囲の人も、疑いなく極楽往生した人だと信じて日々を過ごしていたところ、ある人にその聖の霊がとりついて、理解しがたいことなどを言った。

それを聞くと、聖はもう天狗になってしまったという。弟子たちは、意外なことだという気がして、たいそう残念に思ったがどうしようもなく不審な点などをきいたところ、不思議なことをいろいろと言う中で、「私が生きていた間、強く名声や名誉にこだわって、無い徳をあるように称して、人をだましてつくった仏像であるので、このような身の上となってしまっては、この寺を人が拝んで尊ぶたびに、わたしの苦しみが増すのだ」と言った。

たいそうな徳を積んだといっても、それに心が伴っていなければ、甲斐のないことだ。「最近のことなので、その聖の名前も知っていますが、あえて明らかにしますまい」と、ある人が語ったのだった。

2 **ちかみち13 はこう使う！**

問二、獅子王の反省をふまえて、最後に「一切の人間も…恥辱を受けん事、疑ひなし」「『知る事を知るとも…知らずとせよ。』ゆるがせに思ふ事なかれ」と述べていることに着目する。

回 **解答** 回

問一、馬のけがをした足（同意可）　問二、オ

◇ **解説** ◇

問一、**ちかみち10**参照。馬が「我が足に株を踏み立てて煩ふなり。御覧じて給べかし」と言ったことに注目。医学を習っているという獅子王に、切り株を踏んでけがをした足を診察してほしいと頼んでいる。

▲口語訳▼　ある時、馬が野原に出て、草を食べていた所に、獅子王がひそかにこれを見て、「あの馬を食べよう」と思ったが、「まず、計略をめぐらしてから」と思って、馬の前にうやうやしく申したことには、「あなたは、この頃、どのようなことを習っておられますか。私はこの頃、医学をやっております」と申したところ、馬は、獅子王の悪だくみを悟って、「私もだましてや

ろう」と思って、獅子王に向かって申したことには、「さてさて、あなたは羨ましいことに、医学を習っておられるのですか。幸い、私の足は切り株を踏んでしまってけがをしております。ご覧になってください」と、言ったことだ。

　獅子王は、うまくいったと思い、「それを見ましょう」と言う。「それならば」と言って、馬が、片足をもちあげたところ、獅子王は、何の考えもなく、仰向けになって、爪の裏を見たところを、最初からたくらんでいたことなので、（馬は）非常に強く獅子王の顔を、続けさまに踏んだのだった。さすがに勇猛な獅子王も、気を失って起き上がることもできず、その隙に馬は遠くに駆け去ってしまった。その後獅子王は、やっとのことで起き上がり、身震いして、独り言を申した。「くだらない自分の計略で、まさに命を失おうとした。道理の上から、処罰をこうむったことは、これは、馬がやったことではない。ただ、天帝の御処罰であることだ」と思ったことだ。

　そのように、すべての人間も、知らないことを知ったような顔で振る舞うと、すぐにはずかしめを受けるだろう事は、疑いがない。「知る事を知っているとも、知らないことを知らないとせよ」ということをいいかげんに思ってはならない。

11 漢文の返り点

1 ちかみち14 はこう使う！

「勿憚改」には「レ点」が用いられているので、「改」から一字ずつ上へ返って読む。

◎解答◎ ウ

2 ちかみち14 はこう使う！

一字返って読む場合には「レ点」を、二字以上返って読む場合には「一・二点」を用いる。書き下し文より、「以五十歩笑百歩」の部分は、「以」の前に「五十歩」を、「笑」の前に「百歩」を読むことから、「一・二点」を用いる。

◎解答◎ エ

3 ちかみち14 はこう使う！

書き下し文と比べて、漢字を読む順序を整理する。「無道」「無説」の部分は下から一字返って読むことから、「レ点」を用いる。「道人短」「説己之長」の部分は、「道」の前に「人短」を、「説」の前に「己之長」を読むことから、「一・二点」を用いる。

◎解答◎

無《カレ》レ道《フコト》二人《ノ》短《ヲ》一、無《カレ》レ説《クコト》二己之《の》長《ヲ》一

4 ちかみち14 はこう使う！

問一、「レ点」があるので、「耕」より「田」を先に読み、「一・二点」があるので、「者」まで読んだ後に「有」へと返って読む。

◎解答◎

問一、田を耕す者有り。　問二、ア　問三、ウ　問四、エ

◇解説◇

問二、**ちかみち11**参照。「因りて（そこで）」があるので、直前の「兎走りて…死す」が理由にあたる。何もせずに「兎」という利益を得ていることをおさえる。

問三、「復た」とあることから、同じ物を手に入れることを望んでいることがわかる。

問四、**ちかみち13**参照。「先王の政を以て…民を治めんと欲する」ことは、また兎がぶつかるようにと切り株を守るのと同じ愚かな行為だと戒めている。

▲口語訳▼ 宋の国の人で、田を耕す者がいた。田の中に切り株があった。（ある時）兎が走ってきて切り株にぶつかり、首の骨を折って死んだ。そこで（宋の国の人は、持っていた）耒を捨てて切り株を見守り、再び兎を手に入れることを待ち望んでいた。二度とは手に入れることはできず、その人は国中の笑い者となった。

今、昔の王の政治のやり方で、今の時代の人民を治めようとするならば、切り株を見守るのと、まったく同じたぐいのことである。

12 説話 宇治拾遺物語

回解答回

問一、i、おおきなる　ii、すじ　iii、ゆえ

問二、X、ア　Y、ウ　問三、C

問四、(1)（戌）オ　（亥）カ　(2)北西

問五、(1)係り結びの法則　(2)岩の形が龍が大口を開けているのに似ていて、その岩の筋向かいに住む僧たちが多く死んだから。（同意可）　問六、大嶽の姿があらわれた。（同意可）

問七、A、×　B、×　C、○　D、×　E、○

◇解説◇

問一、**ちかみち1**参照。i、語頭以外の「は・ひ・ふ・へ・ほ」は「わ・い・う・え・お」にする。ii、「ぢ」は「じ」にする。iii、「ゑ」は「え」にする。

問二、**ちかみち5**参照。X、多くの僧が死んでしまう現象について、理由がわからず不思議に思っている。Y、僧正は自分の目で岩の様子を確かめ、人々の言うように龍が口を開けているような形だと納得している。

問三、**ちかみち7**参照。A・Bは連体修飾語を作る「の」。Cは主語を示す「の」で、「が」に置き換えられる。

問四、**ちかみち3**参照。(1)「子」から右回りに十二支の順で入る。**ア**には「丑」、**イ**には「寅」、**ウ**には「未」、**エ**には「申」が入る。(2)「子」が北、「酉」が「西」を示し、「戌亥」はその中間の方角となる。

問五、(1)**ちかみち6**参照。係りの助詞「ぞ」があり、文末が「ける」という連体形になっている。(2)**ちかみち11**参照。「龍の口をあけたるに似たりけり」という様子の岩で、「その岩のすぢに向かひて住みける僧ども…多く死にけり」という状況において、

人々が「この岩のあるゆゑぞ」と言い始めたといういきさつをとらえる。

問六、「その姿」は、「黒雲かかりて」見えなくなっていた大嶽の姿を指す。

問七、A、「千手院」は住みづらくなったのであり、B、静観僧正は「岩の方に向かひて…加持し給ひ」とある。C、「七日といふ夜半ばかりに…大地震動することおびただし」とある。D、岩に「雷が直撃した」とは書かれていない。E、最後に「毒龍の巌くだけて…祟りなかりけり」とある。

▲口語訳▼

今となっては昔のことだが、静観僧正は、西塔の千手院という所にお住みになっていた。そこは南に向かって、大嶽を見守るところであった。大嶽の北西の方角のかたわらに大きな岩があった。その岩は、龍が口を開けた様子に似ていた。その岩の筋向かいに住んでいた僧たちは、命はかなく多くが死んでいた。しばらくは、どうして死んでしまうのだろうかと、わけがわからなかったが、「この岩があるせいだ」と言い始めた。そして、この岩を、毒龍の岩と名付けたのであった。これによって、西塔の様子は、ただ荒れに荒れ果てる一方であった。この千手院でも、人が多く死んだので、住みづらくなった。この岩を見ると、本当に龍が大口を開けている様子に似ている。人々が言うことは本当にその通りであるものだなあと、僧正はお思いになって、この岩の方に向かって、七日七夜加持をなさったところ、七日目の夜中ごろに、空が曇り、大地が激しく震動した。黒い雲がかかって大嶽が見えなくなり、しばらくして、その姿をあらわした。夜が明け、大嶽を見ると、毒龍の岩はくだけ散ってなくなっていた。それから後は、西塔に人が住んでも祟りはなかった。

13 随筆 花月草紙

回解答回

問一、a、ア　b、エ　c、イ　問二、ウ　問三、(1)ウ　(2)イ

問四、それよりみ　問五、ア　問六、ウ　問七、ウ

◇解説◇

問一、**ちかみち8**参照。a、「空たかくとびかける」動作ができるものを考える。b、虫をついばもうとしているのは、虫を見て「くちばしさしいだして」いるものと同じ。c、すずめの子がついばもうとしてきたため逃げたものを考える。

問二、**ちかみち5**参照。漢字で書くと「実に」で、あることに感動をこめながら納得することを表す。

問三、**ちかみち11**参照。「事たる」は、不自由のないことを意味する。「つばさもうごかさで…にげはしる」が、虫が「事たれる」と感じている理由である。

問四、前半は鷹の羽の中で何不自由なく暮らしている虫の様子、後半は鷹が力尽きて倒れてしまったため、鷹の羽から出て生き

ようとする虫の様子が書かれている。

問五、虫は鷹の「ししむらをさし、血をすひてゐし」が、鷹が力尽き「血もつき肉むらもかれ」てしまい、生きる手段を失ってしまっている。

問六、**ちかみち11**参照。前の「かたはらへはひよれば」に着目し、すずめの子が近くへはいよってきた虫を「うれしげにみて」の後に「くちばしさしいだして、ついばまん」としていることから考える。

問七、**ちかみち13**参照。虫は鷹の羽の中で何不自由なく暮らし、こちらを見ていろいろな鳥が恐れて逃げていくので、自分に勝つものはいないだろうと思っていたが、実際に鳥が恐れていたのは虫がすみかにしていた鷹の方であり、虫自体ではほとんどなんの力も持たず、すずめの子に食べられてしまうような存在であることから考える。

▲口語訳▼　鷹の羽に住んでいる虫がいた。（鷹が）空高く飛んでいるときには、はるか下に人の家などを見下ろしていた。本当に私は何の不自由なく満足した身分だなあ。（自分では）翼も動かさないで、千里の距離を行き来し、雲よりさらに高い所まで飛び上がっているようだ。特にいろいろな鳥はみんな（自分を見て）恐れて走って逃げていく。本当に私に勝つものはまったくいないだろうなどと考えながら、その鷹の羽毛の中に住みつつ、さかんに鷹の肉を刺し、血を吸っていたが、その仲間がとても多くなっていったせいか、ついにその鷹も力尽きて倒れてしまった。それから自分で鷹の羽の中を出て飛び回ろうと思ったけれども、飛べない。走ろうと思ったけれども、速くない。鷹の血も尽き肉も干からびてしまったので、今は命をつないでいく方法もない。かろうじてとりあえずその羽毛の中をかいくぐってはいだしていくと、すずめの子がいた。私を恐れるだろうと思ってみていると、すずめの子は知らん顔をしている。どうして気付かないのかと近くへはいよっていくと、うれしそうに見て、くちばしを差し出して、ついばもうとする。これまでになかったことなので、恐ろしくて逃げて隠れた、と友だちに語ったということだ。

14　笑話　きのふはけふの物語

回 解答 回

問一、ウ　**問二**、エ　**問三**、手が抜けて高い値で売りつける機会を逃して（20字）（同意可）　**問四**、俄に分限に　**問五**、ウ

◇ 解説 ◇

問一、**ちかみち8**参照。つぼを値切ったのは、つぼから手が抜けなくなった「ある数奇者」。他の動作主は、今焼きのつぼを店に出して売っていた者。

問二、店の者が「千貫ならばうらう」と答えていることから考える。

問三、手が抜けない状況をいいことに、「千貫」とつぼに高い値をつけていることをふまえて、つぼが割れてしまうことを心配する理由を考える。

問四、「いまちやうじや」は「いまちょうじゃ」と読む。つぼと格子から抜けなくなった者から「六百貫」を受け取って、急に「長者」になった者を「今長者」と表現しているので、「長者」と同義の語を探す。

問五、つぼから手が抜けなくなった者は、本来「百貫」ほどのつぼを「五百貫　もの高値で買った上に、「さてかへりてぬかう」としたところ格子にもひっかかったので、格子まで買っていることに着目する。

▲口語訳▼　このほど上京で急に金持ちになった者がいた。今焼きのつぼを店へ出した。ある風流人が格子の中をのぞき、このつぼを見て、「さてさて変わった物だな、口が広いが、だいつぼとして使うのがよかろう」と言って手を入れてみた。入れてみると、この手が抜けなくなり、こまって、まずつぼの代金を尋ねる。中からこの手もとを見て、「千貫なら売ろう」と言った。これを聞いてとても驚き、「おいおいそんなに値段のはる物ではないぞ。百貫に」とねぎった。「とてもそんな値段では売れない」と言った。二百貫、三百貫までねぎった。「ではこちらへ」と言って引いたが、次第に手がはれて抜けない。「ならば五百貫で買おう」と言った。もしも手が抜けないうちにつぼが割れてしまっては、(高い値で売れなくなってしまうと思って)値を負けて金を受け取った。さて帰ってから抜こうと思ったが、また格子に引っかかって出られない。「ついでに格子も買おう」と言ってまた百貫を出し、六百貫を受け取り、今長者と言われた。

15　紀行文　東関紀行

回 解答 回

問一、ウ　問二、エ

問三、故郷が恋しくて早く帰りたい(13字)(同意可)

◇ 解説 ◇

問一、**ちかみち12**参照。「掛詞」は、同音異義語を利用して、一つの言葉に二つの意味をこめる表現技法。

問二、「虫の音」は秋の風物で、それが次第に消え果てていくことから、秋から冬への移り変わりを表現している。

問三、鳴きながら田を離れる雁と、故郷から離れて鎌倉にいる自分とを重ね合わせて、「帰るべき春をたのむ」気持ちを歌にしていることから考える。

▲口語訳▼　聞き慣れた虫の鳴き声も次第に消え果てていき、松を吹き下ろす山頂からの強い風だけがますますはげしくなっていく。故郷を恋しく思う心にうながされて、しみじみと都の方を眺めているそのとき、一列に連なる雁がねが雲のかなたへ消えるように飛び去って行ったのもなんともしみじみと趣がある。

　春には再び故郷に帰ることを頼みにして田の面の雁がねも
　鳴きながら旅の空に出たのであろうか